健美操教育教学创新发展研究

张文龙　黄　峥　卢　磊◎著

吉林出版集团股份有限公司
全国百佳图书出版单位

图书在版编目（CIP）数据

健美操教育教学创新发展研究 / 张文龙，黄峥，卢
磊著 . -- 长春：吉林出版集团股份有限公司，2024. 8.
ISBN 978-7-5731-5703-4

Ⅰ . G831.32

中国国家版本馆 CIP 数据核字第 20249D71L9 号

健美操教育教学创新发展研究

JIANMEICAO JIAOYU JIAOXUE CHUANGXIN FAZHAN YANJIU

著　　者	张文龙　黄　峥　卢　磊	
责任编辑	蔡大东	
封面设计	张秋艳	
开　　本	710mm×1000mm　　　1/16	
字　　数	206 千	
印　　张	11.25	
版　　次	2025 年 1 月第 1 版	
印　　次	2025 年 1 月第 1 次印刷	
印　　刷	天津和萱印刷有限公司	

出　　版	吉林出版集团股份有限公司
发　　行	吉林出版集团股份有限公司
地　　址	吉林省长春市福祉大路 5788 号
邮　　编	130000
电　　话	0431-81629968
邮　　箱	11915286@qq.com
书　　号	ISBN 978-7-5731-5703-4
定　　价	69.00 元

前　言

　　如今人们的物质越发充裕，精神娱乐生活也变得更加丰富，很多新的体育运动项目兴起，健美操作为其中广受欢迎的一项运动，尽管发展历史短，却是现代体育文化生活中的重要组成部分。随着时间的推移，健美操的种类和练习形式更加多样化，练习的科学化程度也在不断加深。

　　随着体育教学的发展与学生自我意识的增强，健美操教育教学将会得到更广泛的关注。自健美操产生以来，不论是动作还是规则都在发生变化，这是健美操发展的需要，也是时代发展的要求。毋庸置疑，随着社会的不断变革，健美操运动仍将不断地创新发展。对于健美操运动的参与者来说，健美操的创新发展能使其保持时尚性，并获得良好的运动效果，同时对其进行健美操运动的实践提出了更高的要求。因此，为了帮助健美操运动者科学地从事健美操运动，对健美操运动的教育教学创新发展进行研究十分必要。

　　本书共分为五章：第一章为健美操概述，分别介绍了健美操的起源和发展、健美操的概念和分类、健美操的特点和功能三个方面的内容；第二章为健美操教育教学训练，主要介绍了四个方面的内容，依次是教育和教学的定义、健美操教学概述、健美操课程的设计与实施、健美操训练相关理论；第三章为健身健美操与竞技健美操的教学训练，分别介绍了七个方面的内容，依次是健身健美操理论分析、健身健美操动作教学、健身健美操的创新发展、竞技健美操理论分析、竞技健美操动作教学、竞技健美操表现力教学、竞技健美操的创新发展；第四章为健美操教学的创新优化，依次介绍了健美操教学的新思想与新理念、健美操教学创新发展的具体内容、健美操俱乐部教学创新模式研究、健美操教学中的音乐运用、健美操教学中的信息技术应用、健美操教学的未来展望六个方面的内容；第五章为健美操教学创新具体实践案例，介绍了六个方面的内容，分别是学导式教学法在健美操教学中的应用、基于深度学习的健美操模块教学设计实践、对分课堂教学模式在健美操教学中的实践、美育教学在健美操教学中的实践、互联网线上教学在健美操中的实践、功能性训练在健美操教学中的实践。

在撰写本书的过程中，作者参考了大量的学术文献，得到了许多专家学者的帮助，在此表示真诚的感谢。由于作者水平有限，书中难免有疏漏之处，希望广大同行指正。

张文龙　黄峥　卢磊
2023 年 12 月

目 录

第一章 健美操概述

　　随着社会的发展与进步，人们将更多的关注点放在了丰富内心世界、提高生活品质上。随着信息技术的快速发展以及快节奏而高效生活方式的出现，人们开始把关注的焦点转向体育运动，甚至不惜花费大量的时间和金钱进行体育运动。健美操是休闲和健身相结合的一项体育运动，正在成为人们生活中的重要部分，对人们的生活质量产生了一定的影响。

第一节 健美操的起源和发展

从历史起源的角度来看，健美操最早是从民间产生的，是一项来自广大人民群众的体育运动。健美操象征着人们对健康的追求，也是人们对健美的追求。健美操是将体操、音乐和舞蹈相互融合形成的体育运动。从健美操产生的条件来看，健美操是随着时代的发展衍生出来的一种产物。在社会发展中，现代科学技术的快速发展带动了经济水平的提高和文化的发展建设，不仅使人们的思维方式发生了改变，还使人们的生活环境发生了改变。随着人们生活节奏的不断加快，人们对身体运动越来越重视，对身体锻炼也越来越重视。健美操简便、优雅又愉人，正在慢慢成为人们关注的焦点。

一、健美操的起源

任何体育运动都不是原本就存在的，体育的产生一般与两个因素有关：一个是体育本身的发展，另一个是人们的需求。体育的运动形式可以分为无氧运动和有氧运动两类。所谓无氧运动，指的是在运动的过程中肌肉处于"缺氧"状态的一种运动。无氧运动有三大特征：高强度、高频率、持续时间短，如举重、100米冲刺等。无氧运动对人有一定的生理形态要求，一些要求不适合年龄较小或年龄较大的人。而有氧运动适合所有年龄段的人群。所谓有氧运动，指的是在运动的过程中有氧气充分供应的一种运动。有氧运动的特征与无氧运动的特征完全相反，即低强度、低频率、持续时间长。参加有氧运动有很多益处，可以使人们的心肺功能得到改善，心理状态得到调节，还可以使精神状态得到放松。有氧运动有很多种，常见的有慢跑和骑自行车。有氧运动开始于20世纪60年代，首先在美国盛行，主要用于有氧运动健身，是一种单一的活动形式。随着社会和体育运动的发展，有氧运动出现了更多的形式。健美操是有氧运动中一种重要的形式，自产生以来就受到许多人的喜爱。

从20世纪60年代起，现代健美操运动不断发展。它首先开始于美国，并于20世纪60年代末和70年代初开始在世界各地流行。健美操不但在美国得到长足发展，在全世界范围内也得到长足发展。总而言之，美国的健美操运动的发展水平比较高，在世界范围内处于遥遥领先的地位。除美国之外，健美操运动在法国、俄罗斯等其他国家也开始流行起来，健美操运动中心遍布世界各国。例如，在巴黎有超过 1 000 个健美操运动中心，每条街上有 1 个或 2 个健身房。此外，健美操运动有越来越多的传播渠道。其中，通过电视台传播的影响力非常大，健美操频道已经成为深受大众喜爱的一个频道。英国在早期就成立了健美操协会；俄罗斯将健美操运动融入学校教育中，使之成为体育教学计划的重要内容；加拿大对健美操的发展也特别重视。在社会经济获得快速发展的同时，人们的生活水平在不断提高，长时间的办公和学习极易引起肥胖，肥胖已经严重影响了人们的身体健康，练习健美操既可以避免肥胖，又有利于人们的身体健康。

二、健美操的发展

随着社会和体育运动的不断发展，健康的生活方式和审美感受越来越受到人们的追捧。健美操正在慢慢地成为人们生活的一部分，并且是重要的一部分，对人们的生活质量有很大影响。健美操在世界范围内得到长足发展，在中国也大受欢迎。

（一）世界健美操的发展

随着社会的不断发展，人们不断追求美。在很早的时候，古希腊人就对美非常注重。在他们的意识中，人体美是世界上最美的。人体的美主要通过健美来体现，具有对称、和谐、庄严的特点，是最有活力的，也是最完美的。早在 2400 年前，人们追求美这一行为就很明显了。在那个时代的所有希腊人的意识中，爱神维纳斯就是最美的女性健美模特。铁饼投掷是由古希腊雕塑家米隆创造的，展示了男性的健康美。所有的古希腊人都将橄榄油涂满全身，光着皮肤，在强烈的光照下进行运动，以此展示他们的健美。古希腊人支持健美并不断追求，还把健美和音乐、舞蹈相互融合，把音乐和舞蹈加入健美运动中，为健美操的进一步发展打下了基础。

约翰·古茨·穆尔闻名全世界，被授予"体操运动之父"的称号，他编写过一些关于体操的书，他的观点深深地影响着体操的发展。在体操的发展过程中，德国人斯皮斯强调体操不仅适合社会，也适合学校，体操可以融入学校的体育教学中。斯皮斯对音乐比较了解，所以他将音乐和体操融合，在体操中加入音乐元素。含有一定音乐的体操不再是简简单单的体育锻炼项目了，而是伴随着音乐进行的，这丰富了体操运动的形式。佩尔·亨里克·林对体操有重要的影响，他是瑞典体操学派的先祖，他把生理学融入体操中，把解剖学也融入体操中，重视身体各部位的发展，也重视身心的协调发展，从而使体操得到进一步发展。雅克·克尔克罗兹是一位瑞士教育家，不仅重视学校的普通教育，还比较重视学校的体育教育。佩尔·亨里克·林的教学经验非常丰富，基于此，他设计出一套包含音乐元素的新型体操运动，使体操的肌肉活动多样化。他将音乐加入体操，在进行体操运动时用于伴奏，从而形成一套系统的体操运动，借助音乐，学生的身心得到全方位的放松。在自然的身体活动中进行体操的学习，不仅使学生的身体得到锻炼，也使学生的节奏感和音乐感得到培养，从而使学生得到全面发展。其他一些体操教师也对体操提出了合理性的建议。例如，埃丽·布若尔克斯登是赫尔辛基大学的教师，从事体操教学。在长期体操教学的过程中，她对体操有长远的发展认识。体操运动不仅是一种单纯的体育运动，还应该锻炼人的身体，锻炼人的心理。在身体运动的过程中，应该有心理精神的运动。通过运动的方式，人们可以放松心情，摆脱抑制和紧张的状态，释放身体、释放思想、释放精神，最终使身体和心理的和谐得以实现。

综观世界上任何一个国家的体操，都不是一项单纯的体育锻炼，而是蕴含着丰富的教学方法和教育思想。体操运动不仅要通过自然的身体动作展现身体的优美，还要注重体操动作技术，使动作达到流畅、有节奏的程度。

在早期，健美操的内涵是通过体操丰富的。健美操在 20 世纪 70 年代得到进一步发展，美国为健美操的发展作出重大贡献。健美操之所以在美国兴起，原因有三个：其一，与社会的快速发展有关；其二，与人们生活质量的提高有关；其三，与人们对体育的理解和重视程度有关。在美国，影响健美操发展的人物有很多，简·方达就是其中一个。美国电影业在 20 世纪 70 年代得到极速发展，好莱坞电影闻名全世界，是电影业的最高代表。在纽约出生的简·方达是著名的好莱坞明星，作为一名演员，她在职业生涯中取得了很多优异的成绩，如金球奖、奥斯卡奖、最佳女演员。简·方达之所以在电影业中取得成功，是因为她付出了无比艰辛的努力。最早的时候，她身体肥胖，没有好的身材，虽从未停止过减肥，她的身材还是没有达到预期，最终她意识到美并不意味着苗条的身材，而是健康的美。因此，简·方达为了健康、为了美开始体育锻炼。

简·方达通过体育锻炼得到了理想中的身材，身体也很健康。她的成功案例对很多人产生了积极影响，对那些想要获得完美身材的年轻女性影响更大。她根据自己瘦身成功以及获得健康身体的经验编写了《简·方达健身术》一书。在《简·方达健身术》这本书中，她对瘦身过程以及体育锻炼的经验做了详细的阐述，并将健美操有益于身心发展这一积极影响告知公众。自出版以来，这本书受到许多人的欢迎，并在世界其他国家广为流行。这本书已被翻译成多种语言，成为各国人们休闲阅读的书籍，健美操也因此得到广泛推广。许多不了解健美操运动的人开始注意健美操运动，许多想减肥的人也在积极参加健美操运动，从而在世界各地形成一股健美操运动的浪潮。健美操运动已成为一种趋势，成为一项影响人们身心健康的运动。同时，从那时起，健美操中心和俱乐部在全世界得到广泛发展。

健身运动首先是在美国发展起来的，这与美国建设了大量健身运动场所有着紧密的联系。美国不仅建立了大量的健身俱乐部，还建设了大量的健身房。在学习或工作之后，人们可以去这些地方做健美运动，进行锻炼和放松。政府对此也很支持，并为健身运动的开展投入大量资金。美国对健美操比赛比较重视，希望借助体操比赛，让更多的人了解体操、参与体操锻炼、参加体操比赛。许多来自不同地区的健美操运动员到美国参加健美操比赛。他们参加健美操比赛热情高涨，将健美操的魅力充分展现了出来。正是通过这些大规模的比赛，世界各地的人才注意到健美操，使得健美操成为一项全球性运动。美国在健美操这项运动上始终处于较高水平，其健美操理念和锻炼方法对很多国家和地区都产生了深远的影响。

对健美操的发展有重要影响的国家不仅有美国，还有欧洲国家，其中具有代表性的国家为法国。法国参加健美操运动的人数是比较多的，法国人愿意花一定的时间和精力在健美操运动上。法国也在健美操运动方面做了大量的投资，有很多健美操中心，其中巴黎就有1 000多个。与此同时，法国对健美操的宣传比较重视，借助电视媒体将健美操介绍给大众。健美操的电视节目成为很多人喜爱的节目，也有很多人跟着电视节目练习健美操。此外，由于学习健美操的人数越来越多，学校也开始重视健美操运动的教学，并将健美操添加到学校教科书大纲中，招聘健美操教练，将健美操教给学生，把健美操推广开来。

在欧洲健美操和美国健美操的影响下，亚洲健美操也得到发展，出现很多赛事，如日本老年体操大会、远东健美操比赛等。中国、韩国、新加坡等国家的健美操逐渐盛行，不同领域、不同年龄段的人开始健美操的学习。

（二）中国健美操的发展

健美操运动在世界上很多国家和地区都得到长足发展，中国也不例外。中国加大力度宣传健美操，使健美操得到长足发展。

1. 健身健美操的发展

20世纪80年代，随着社会的快速发展，世界上各个国家和地区之间的交流越来越密切，有政治方面的交流，有经济方面的交流，也有文化方面的交流，还有体育方面的交流。在交流的过程中，健身健美操就是在这一过程中传入中国。随着人们对美的追求不断提高，人们开始注意到健美操。健身在运动领域成为一种流行趋势，健美在运动领域也成为一种流行趋势。与此同时，国家借助一些媒体（如报纸、电视台等）对健身运动进行进一步的宣传，人们对健美操有了一些了解，中国健美操逐步得到发展。

中国健美操的发展并不是一帆风顺的，遇到很多困难和挫折。在健美操发展的漫长过程中，国家高度重视，投入大量人力、物力资源加强健美操的发展，特别是在高等教育机构。例如，北京体育学院的健美操研究小组在1984年成立；1985年，教师、学生以及体育运营商联合创编了6套健美操，这6套健美操主要是根据青年韵律操创编的，教师和学生对此很是喜爱；1986年，编写并正式出版了关于健美操运动的教育图书，此书作为体育本科生的健美操选修课教材。随着北京体育学院加入健美操，其他学校也开始将健美操增添到体育教学中。健美操不仅在学校教育领域得到发展，在社会其他领域也得到了发展，健美操运动的发展范围开始扩大。

一方面，以健美操为中心的健身中心慢慢浮出水面。中国首次建设的以健美操为中心的健身中心是1987年竣工的"利生健康城"。随后，中国一线城市——北京、上海和广州开设了健美操俱乐部。这种新奇独特的健美操锻炼方式引起了中国大众的重视，年轻人、儿童和老人开始参加健美操锻炼。健美操形式简单、姿态优美，更重要的是可以得到良好的健身效果。人们完成学习任务和工作任务之后，要想放松自我，健美操就是最佳的方式。另一方面，开始举行各种形式的健美操比赛，目的是增强人们的身体素质，提高生活质量，丰富精神世界。首届"康康杯"友好竞赛以儿童健美操为主题举办，之后北京体育学院举办了青年韵律操比赛；还有多个省市共同参加的少年韵律操比赛，多个机构联合举办的中老年健美操大赛等。上述健美操比赛大部分是第一次举行，参加健美操比赛的人有不同的年龄组别，有少年组，也有青年组，还有老年组，广大群众都表现出对健美操的热爱，从而使得中国健美操得到进一步发展。

随着社会和经济的不断发展，中国与世界上其他国家和地区进行着越来越密切的交流，中国健美操由此得到进一步发展。健美操协会于 1992 年成立，目的是分组推广健美操运动。在国家的大力推动下，很多省市成立了健美操组织，着力于健美操的推广，使健美操不仅成为一种健身、休闲的运动，还成为一种有组织、有计划的活动。健美操在项目管理方面也更加正规、更加规范、更加有计划。健美运动委员会于 1999 年成立，目的是扩大健美操活动的推广范围，并提供健美操培训课程，由专业的健美操教练教健美操。从那时起，越来越多的健美操培训班开始成立，为健美操的发展培养了很多专业人才。进入 21 世纪后，健美操教练已成为一种职业，专门指导健美操运动。此外，各大城市都会定期举行健美操比赛，主要目的是促进广大人民群众的健康，改善人们的生活。健美操运动以各种形式得到进一步发展，如形象大使比赛、领操员大赛、明星大赛等，这些不仅有利于健美操运动在中国的普及，还提高了健美操在中国的地位，使健美操运动朝着多样性与时代感相结合的方向发展。

2. 竞技健美操的发展

健美操不仅是人们锻炼身体的一种运动方式，更是一项体育运动项目。随着健美操与学校体育的联系越来越紧密，健美操的竞争特点也越来越突出。健美操运动的广泛开展和大范围普及，使得健美操运动发展迅速。在健美操运动中增加体育竞赛机制已成为健美操发展的一个新要求。从竞争机制方面来看，竞技健美操不仅具有节奏快、难度大、动作优美的特征，而且具有质量要求高、编排新颖的特殊性。竞技健美操为健美操的发展增添了新的活力，使健美操得到进一步发展。

随着社会的不断发展，我国在政治、经济、文化方面取得了很大进步，也在体育运动领域取得了很大发展，特别是在健美操方面。我国不仅在全国普及健美操运动，还在全国范围内组织健美操运动比赛，促进健美操运动的发展。男子项目有单人健美操、双人健美操、混合健美操三种形式；女子项目也有单人健美操、双人健美操、混合健美操三种形式。在国家大力支持和相关竞赛规则的指导下，各大城市定期举办健美操比赛，以不断提高健美操竞技水平。

随着健美操和竞技比赛的不断发展，健美操运动的竞技规则越来越完善。1996年我国对健美操竞技规则进行了一次大的改动，使其符合国际规则，随后又设立了裁判委员会和技术委员会。其中，裁判委员会指导健美操比赛，技术委员会培训指导健美操教练员。

为了使健美操运动得到长足发展，中国还与世界上其他国家不断进行交流，聘请外国健美操专家来中国教授健美操课程。通过广大人民群众的不断努力，健美操运动得到很大发展。通过顺利开展健美操运动的教学，健美操运动有着越来越高的竞技水平，中国健美操在世界范围内逐步达到更高水平。

三、健美操的发展趋势

随着社会的不断发展，信息技术的不断进步，健美操的发展也越来越快。一方面，健美操运动有着良好的市场；另一方面，私人教练和各种训练的兴起为健美操的发展注入了新活力。

（一）广阔的市场前景

健美操是一项体育运动，不仅可以促进人们的身体健康，还可以促进人们的心理健康。随着社会经济的不断发展，人们生活水平的不断提高，生活方式和生活环境都改变了很多。由于人们在工作和学习上用了很多时间和精力，用于体育锻炼的时间就少了。这种工作和学习方式不利于人们的身体健康。于是，人们把关注点放到体育锻炼上，对体育锻炼越来越重视。体育锻炼能够缓解生活压力，减少工作中的疲劳，逐步成为人们的最佳选择。

与此同时，随着人们生活条件的改善，人们愿意花费更多的金钱在体育锻炼上，人们也乐意将时间和精力放到体育运动上，健身已成为一种潮流消费。

（二）多样化的健美操种类和练习形式

在发展健美操的过程中，为了使人们的不同目的和不同需求得到满足，健美操需要占据特定的发展市场。这样一来，健美操运动就会发展得更好。随着社会的发展、体育的发展，健美操有着各种各样的形式，如街舞、拳击健美操、水下健美操、机械健美操、瑜伽健美操等。健美操的结构要与当前流行的舞蹈相适应。参加体育锻炼的人性别、年龄和身体状况等都是不一样的，他们的目的也不同，人们的多样性需求对体育形式提出了更高的要求。在发展健美操的过程中，既要使其运动类型多样化，又要使其运动形式多样化。

（三）全民健身背景下大众健美操的发展

时代快速演进，人们关注的不仅是物质层面的需求和享受，还更加重视精神文化生活上的需求。最近几年，很多城市开始更新和充实体育课程，将大众健身操纳入其中，社会中也有大量年轻的体育爱好者关注和投入健美操锻炼之中。如今，大众健身操越来越流行，发展趋势良好，地位也变得愈发重要。电视荧屏上不断涌现出各种形式的健美操节目，我国主要城市也出现了越来越多的健美操健身中心。根据学术研究，大众健身操能够提升身体的整体协调性，促进身心健康，因此在社会上大众健美操得到十分广泛的普及、推广。

为了让更多的人接触和参与大众健美操，促进其普及和发展，政府、学校、社会等都要积极应对。政府部门应当加大宣传力度，举办更多大众健美操推广活动，使群众对大众健美操形成正确的认识，提升群众参与这项运动的兴趣和积极性。

大众健美操有助于培养学生良好的身心素质，学校有责任改善学习环境，并加强大众健美操的宣传和推广。学校应认识到体育精神是校园文化的重要组成部分，是学校工作的重要内容。为此，学校应该定期组织相关活动，结合社会流行趋势，将体育文化与时代潮流融为一体，激发学生兴趣，鼓励他们积极参与。比如，举办全国健美操比赛不仅能推广健美操，还可以选拔人才。此外，学校可以采用多种手段全面宣传大众健美操，如校园广播、宣传报等，以培养学生正确的健身观念，丰富他们的课余活动形式，增强他们的运动能力。学校应该加强对大众健身操的师资培训，正确引导学生，培养其健康的锻炼习惯。这些将有助于学生在未来进入社会后保持良好的生活方式。

为了普及和发展大众健美操，社会各界需重视学校的体育建设，政府更应该对此予以充分重视，从财政、政策方面为学校提供更多的财力、物力去发展体育建设。比如，完善健身场地和设备，使学生能够参与多种类型的健美操活动，营造积极向上的健身氛围。另外，社区需要积极推广大众健美操，使之融于社区生活，让更多人参与其中，这需要专业健美操教练的积极参与，在社区组织培训活动，同时离不开社区群众的支持和配合，使大众健美操成为真正大众化、常态化的活动。贯彻落实全面健身理念，能够为广大人民群众带来好处。学校应当挑选那些道德高尚、身体素质良好的群众加以培养，使其投身到社会健身宣传工作中，健全和优化社会健身体系，实现全民参与健美操的目标。

专业赛事的举办掀起了全民健身热潮，在这一背景下，各大公共体育场馆和健身机构积极向群众宣传健身理念，增加健身设施和空间场地。时代的氛围激励着人们，让他们逐渐意识到身体健康的重要性，并积极参与健身活动，从而获得强健的身体和积极的精神能量。当下社会应把握机遇，加强健美操宣传工作，开辟多样化的宣传途径，提高健美操普及程度。政府和相关部门应结合当下社会情况制定适当的方针并完善体制机制，对健美操的开展形成各个层面的规范和鼓励政策，加强对大众健身操组织的监管。另外，科研机构需要进一步研究大众健美操，提供充分的理论支持，推广健康的、有计划的健美操运动。

第二节　健美操的概念和分类

开展健美操运动，需要把握其基本概念及分类情况。

一、健美操的概念

在健美操的发展中，针对健美操的概念，不同的学者有不同的理解。

苏联学者认为，健美操是美与力量的一种融合，是耐力与柔软的一种融合。随着社会的发展和健美操运动的发展，我国的健美操专家探索了很多年，拥有很丰富的经验。一些专家站在运动学角度看待健美操，在他们的意识中，健美操运动就是一种练习时间长、强度低、频率低的有氧运动。健美操不仅具有锻炼的功能，而且具有观赏性和趣味性。

总之，健美操就是为促进人们的身体健康、塑造形体的一种有氧运动，但它不同于一般的有氧运动，它将音乐和舞蹈融合到体操中，对练习者的身心健康具有良好的作用。

二、健美操的分类

随着时代的发展，健美操运动出现了各种类型。由于人们的目的不同，需求不同，参加的健美操运动类型也不同。根据这一标准，健美操分为健身健美操、竞技健美操和表演健美操三种类型。

（一）健身健美操

从练习形式的角度来看，健身健美操有三种不同的类型：一是徒手健美操，二是器械健美操，三是特殊场地健美操。

1. 徒手健美操

徒手健美操指的是在运动期间不使用任何器械的一种健美操。

一般练习健美操的主要目的是使心脏、肺功能和人体代谢得到改善。通过注意力集中、对呼吸进行调整以及各种动作的练习使身体的各个部位得到改善。徒手健美操的主要目的是调整身体的平衡和控制力，实现"联合整体"的目标。这是最安全、最有效的健身运动。

2. 器械健美操

除了徒手练习的形式外，健身健美操还有器械健美操。器械健美操是一种基于外部设备的健美操运动。器械健美操主要为了使力量得到锻炼，使肌肉的弹性和力量得到改善。这种类型的健美操有很多，如踏板操、哑铃操、橡皮筋操、健身球操等。

3. 特殊场地健美操

这种健美操是在健美操发展过程中出现的一种新类型的健美操，它对场地有着特殊的要求，如水中健美操和固定器械健美操等。

（二）竞技健美操

竞技健美操是根据竞赛规则与技术规程的要求创编出具有较高艺术性、展示运动员高水平专项技术能力的成套动作，以比赛取得优异成绩为主要目的的竞技运动。竞技健美操只进行自编动作比赛,自编动作必须符合要求。每套动作有一定的时间限制,成套的动作要根据基本步伐、特色、难度、完成情况、时间、体型等标准进行评分。

竞技健美操现有男子单人操、女子单人操、混合双人操、三人操、五人操、有氧舞蹈、有氧踏板等项目。为了保证比赛的规范性和公正性,对各项目的参赛人数、比赛场地、参赛服装和成套动作的时间等都做了严格的规定。

国际上有很多健美操体育比赛,其中规模较大的是健美操世界锦标赛、世界健美操冠军赛、健美操世界杯赛等赛事。

我国举办的重要竞技健美操比赛包括全国健美操锦标赛、全国健美操冠军赛以及全国青少年健美操锦标赛等。

(三)表演健美操

表演健美操不同于一般的健美操,具有特殊性。表演健美操是指在健美操运动中加入表演的成分,如表演器具、舞蹈动作等,以丰富健美操的形式。表演健美操对参与者的要求比较高,不仅要有较好的身体协调性,还要具备集体合作意识和一定的表演能力。

第三节 健美操的特点和功能

健美操是一种新兴的体育运动项目,已在世界各地流行起来。这种现象产生的原因与其运动特点和功能密不可分。

一、健美操的特点

(一)美学特点

健美操与其他体育运动的最大区别在于,健美操针对自然的人体,使练习者能够运用自己的力量,实现自身关于人体美的追求。健美操运动本质上是人体运动的一种方式,讲究的是动作既要美观,又要大方,还要在音乐的伴奏中准确地将动作展现出来,符合节奏的规律。同时,在健美操的练习期间,还要有效地运用身体的各个部位,使人体协调发展,培养出更加匀称的体形。健美操不仅注重修行者外在美的培养，也注重培养修行者的内在美。健美操表现出来力和美，外在美和内在美构成了健美操的美学特点。

（二）力度特点

健美操运动的技术动作和困难动作是基于力度形成的。这里的力度不单单指力量，而是指力量、弹力、活力的综合。健美操动作所要求的力度和力量性是非常强的，它要求练习者在进行健美操动作时要展现出较高的力量性。健美操的这种力量性不同于体操的力量性，因为它没有体操的呆板性，其力量表达是更为自然的；健美操的这种力量性也不同于舞蹈的力量性，因为它没有舞蹈的抒情性，其力量表达更趋向于采取欢快、有力的展现方式。健美操展示了运动风格的力量，能充分展现人体"健的风采、美的神韵、力的坚韧"。健美操的力量有很强的吸引力，这是表达人们"个性"的最好方式。健美操运动方式的力是不同的，这也是健美操最重要的特点。

（三）音乐特点

音乐对人的情感、情绪变化以及人体的运动都会产生重要影响。为什么健美操那么受人们欢迎呢？我们在研究中发现，不仅因为健美操本身的功效性，还因为现代音乐为健美操带来了活力。当练习者听到具有旋律的音乐和强烈的节奏时，就会产生一种想要参与其中的想法。用于健美操伴奏的音乐有两种风格：一种是轻快、优美的，另一种是浑厚、沉稳、热情、奔放的。积极向上的音乐可以使精神受到激发，使紧张和疲劳得到消除，从而实现心理和生理的平衡。

（四）创新特点

由于人体的生理结构比较复杂，情感也比较丰富，性格也各不相同，这在一定程度上造成了健美操动作的丰富性。

在健美操的动作中，不仅保留了徒手体操中各种类型的基本动作，还吸收了相关运动项目和艺术门类中的许多动作。这些动作经过提炼和升华，形成了具有健美操风格的动作。变换七个基本步法以及对这七个基本步法进行不同的组合，变换身体关节面、变换身体关节轴、变换形态、变换线条、变换各种方向等，都极大地丰富了健美操的内容，同时成为健美操源源不断的创作材料。

二、健美操的功能

（一）健身功能

1. 有利于增强运动系统的功能

如果人们经常练习健美操，不仅可以提高关节的灵活性，还可以使人体肌肉的力量增强，使韧带、肌腱等结缔组织更有弹性。特别是对于青少年来说，定期练习健美操有助于其生长发育。

2. 有利于改善心血管系统机能

健美操，一方面，可以使人们的心肌增厚，增加人们的心脏容量，增强人们的心脏功能；另一方面，对提高心血管系统的功能也有帮助，能够促进人体进行新陈代谢，促进人体的健康。

3. 有利于改善消化系统的机能

由于练习健美操的时候髋部也能够得到全面的活动，所以健美操可以提升人们的胃肠蠕动能力，促进人体内部消化，改善消化系统，从而提升抗病能力。

（二）塑造形体美功能

"形体"一般分为姿势和体形。进行健美操训练，有助于塑造一个优美的体形。人的形体在某种程度上受后天因素影响，适当的体育锻炼可以塑造体形，也可以改善外观。因此，经常练习健美操，可以使身体姿势得到改善，最终塑造一个完美的形体。

通过参加健美操运动，不仅可以使人体内部多余的脂肪得以消除，最终使体重减轻，还可以提高身体的协调能力，从而保持一个相对健康的体形。经常练习健美操，还可以使人在身体活动的实际体验中调节心理平衡，增强自信心。

（三）益智功能

健美操可以改善人脑的物质结构和机能状况，全面发展观察力，也有助于改善思考能力，为智力的发展创造良好的条件。研究表明，如果经常参加健美操训练，大脑就会有充足的氧气供应，这对大脑神经细胞的发育有很大帮助。

第二章　健美操教育教学训练

　　本章为健美操教育教学训练，主要介绍了四个方面的内容，依次是教育和教学的定义、健美操教学概述、健美操课程的设计与实施、健美操训练相关理论，论述了健美操的教学和具体训练开展方式。

第一节　教育和教学的定义

一、教育的定义

"教育"一词来源于孟子的"得天下英才而教育之"[①]。在人才选拔中，社会十分重视受教育程度。教育可以促进个人社会地位的提升，教育随着人类社会的演进而产生，并随着社会的不断进化而发展，是人类社会中永不缺席的存在。

这一定义不仅表达了教育的本质，而且把教育活动与学习、训练、宣传等其他活动区分开来，因此可以视为对教育基本概念的阐释。然而，相对于人们常常谈及的广义的教育概念，该定义范畴较为狭窄。传统观念认为，教育也包括学习培养、教育培养、训练培养、资助培养，这说明在人们的思想中存在一种更广大的教育概念，即宏观的教育概念。这个概念不仅包含可以直接影响人的素质和能力的基本概念上的教育、训练和学习等活动，还包括尽管无法对人的素质和能力造成直接影响，但可以促进上述活动开展的活动，也就是所谓的培养活动。宏观的教育和培养是相同的概念，它们都是指在更广泛的范围内能够促进个人发展和成长的活动。换言之，培养的定义可以被视为宏观教育的定义。所以，宏观教育（或培养）的定义是，关注人的素质和能力而进行的活动。

宏观教育的唯一特征在于关注人的素质与能力，因此，判断某项活动是否属于教育，并不取决于其最终结果。在实践中，并非所有的教育活动都能取得所期望的效果，反而存在失败；反过来，尽管某些活动从结果上对人的素质和能力产生了影响，如研究和宣传活动，但它们并未被人们视为教育活动。当人们以不同的观点审视一个人的素质和能力时，可以采取正面或反面的手段，既能够正面地提升和增强人的特定素质和能力，也能够反面地抑制和削弱某些素质和能力。人的素质和能力不全是先天的，也有后天的。前者的获得与其他动物类似，是在长期的自然进化中形成的；后者的获得分为两种：一种是无意中获取的，没有刻意培养，另一种是有意培养的。宏观的教育是人们有意识地培养个人素质和

---

① 姚淦铭 . 孟子智慧 [M]. 济南：山东人民出版社，2013.

能力的一系列活动的总称。"教育"这个词一直以来都有多个概念。例如,《现代汉语词典》中的定义有二:一个是宏观教育概念,即"按一定要求培养"。这里用到了"培养"一词,而在"培养"的定义中也提到了"教育"一词:"按照一定目的长期地教育和训练使成长",存在循环定义之嫌。另一个是基本教育概念,即"教导,启发",而"教导"的定义则是"教育指导",同样存在循环定义之嫌。在定义过程中,如果定义的内容中直接或间接包含了定义它的内容,就会出现循环定义的错误。我们可以使用《新华词典》中的定义来规避这个问题,该词典对"教育"一词的定义也分为两方面,即"以影响人的身心发展为直接目的的社会活动",以及"使明白道理",很明显,前者为宏观的教育,后者为基本教育概念。然而,这种定义无法将教育与学习、研究和宣传等活动区分开来,这些活动同样能够帮助人们明白道理。所以,这种表达教育基本概念的方式有待讨论。

教育宏观概念在《新华词典》和《现代汉语词典》中都有描述,其又叫作广义的教育。相应地,狭义的教育通常指由专门机构组织和提供的教育。学校教育是一系列培养活动,包括教育、训练、学习、资助等,是一种宏观教育。因为教育涉及多个概念,很难给它一个统一的定义。因此,当人们在使用或理解教育这个词时,需要结合具体的情境和语境,特别要注意它确切的意义。

"教育"是通过传授知识,教会他人思考怎样运用已有的资源,创造更多的社会财富,实现自我价值的一种行为方式。

在教育领域,有许多对"教育"的定义,学者对此都有自己的看法,这反映了教育的多样性和复杂性。通常来说,对"教育"的定义主要分为两个角度:社会的角度、个体的角度。一般来说,中国更倾向于从社会的角度来定义"教育",而西方国家更倾向于从个体的角度来定义"教育"。从社会角度出发的"教育",其定义分为以下三个不同的层次:

1. 广义的层面

教育指的是任何能够增进人们知识和技能,影响人们思想品德的活动。从整个社会系统上看,教育就是其中的一个子系统,担负着一定的社会职责和功能。

2. 狭义的层面

教育指的是个人内在精神层面的升华。这种定义方式突出了个体发展受社会因素影响。以个人的视角来界定"教育"，通常将"教育"视为个人的学习或发展过程。

3.更狭义的层面

教育主要指学校教育，即教育工作者按照社会或阶级的需求，有目的、有计划、有组织地影响学生的身心发展，旨在将其塑造为符合社会或阶级需求的人。这里主要指的是应试教育。

教育是基于某种社会背景，促进个体社会化和社会个性化的实践活动。从教育活动基本要素出发，教育就是教育者有意识地使用不同的方法和媒介，向教育对象传递信息，对其精神世界或心理状态形成影响，帮助或阻碍其获得某种观念、素质或能力的社会活动。这一定义适用于一切人类教育活动，可以作为教育的基本定义。

二、教学的定义

教学可分为广义的教学和狭义的教学两种类型：前者是一种特别的教育行为，即教育者指导学习者学习特定文化的过程；后者指的是学校教学，即教师在学校中指导学生一起学习特定文化的教与学统一的活动。狭义的教学主要指各级各类和各种形式学校中的教学，教师在教学活动中扮演组织者和指导者的角色。新时代的教学理念是教与学相统一，教融于学，教引导组织学。由上述内容可以看出，教学是一种教育活动，它遵循教育目标的指引，由教师的授课和学生的学习相互配合而实现。

第二节　健美操教学概述

健美操教学是体育教育中不可或缺的一部分，通过教师的科学指导，学生可以系统地学习健美操的知识、技能和技巧，从而提高身体健康水平，增强身体素质，发展综合素质和能力。

一、健美操教学的基本要素

教学系统由许多彼此联系又相对独立的基本组成部分组成，这些基本组成部分被称为教学要素。健美操教学活动包含多个要素：学生、教师、教学目标、教学内容、教学方法、教学环境和教学反馈，它们共同构成了健美操教学系统。

（一）学生

健美操教学活动以学生为教学对象，是为学生组织的。

（二）教师

在健美操教学中，教师扮演主导角色，指引学生学习。所以，教师在教学系统中发挥着不可或缺的关键作用。健美操教学过程的执行者是教师，教学目标实现的操作者是教师，他们是健美操教学活动的执行者，是学生学习健美操的引导者。

（三）教学目标

一切教学活动都是出于特定的目标实施的，健美操教学也有特定的教学目标。由此可见，在健美操教学活动中，教学目标也是重要的基本元素。

（四）教学内容

教学内容是传授知识和信息的必要前提，承载着教学信息，是学生学习的对象。如果健美操教学中缺乏教学内容充当媒介和目标，师生就无法彼此联系、彼此作用，也就没有了教学这个行为。

（五）教学方法

为了让学生成功学会和内化健美操的理论知识、技术和技能并达到教学目标，在教学过程中必须采用一系列有效的教学方法。

（六）教学环境

实施健美操教学活动无法脱离一定的时空条件，也就是教学环境。这些条件涵盖了物质和精神方面，存在可管理和不可管理的因素。具体而言，健美操的教学环境包括场馆和教室的设备的完备、合理以及整洁情况，师生、生生间的人际关系，教室内的氛围等。

（七）教学反馈

教育是一种师生间的信息传递的交互过程，要通过教学反馈才能够了解这种信息交流的效果。

二、健美操教学的特点

（一）教学内容丰富，练习的可变性强

健美操教学内容非常丰富，包括徒手练习、手持轻器械以及使用固定器械的练习。教学过程中传递的信息量非常庞大，既包括动作本身的信息，也包括相关学科等方面的信息。

（二）在练习中健康体魄，培养正确的姿态

健美操教学一方面能够教会学生这一领域的知识、技能和技巧，另一方面能够通过多种训练、原理、方法增进学生的健康。

（三）运动负荷的合理安排有明显的健身功效

健美操属于有氧运动，其运动负荷强度不高，并能够实现有效健身。经常做健美操能够显著提高机体的耐力，并且对心血管系统和呼吸系统的功能改善和优化有很大作用。

（四）创造性的思维活动与实践活动紧密结合

健美操教学能够激发学生的创造性思维。其能够广泛普及和长盛不衰的重要原因，就在于健美操在不断创新。教师在教学中不仅向学生传授基本动作和技术，还将这些知识付诸实践，通过反复练习帮助学生建立新的神经元联系，使他们形成全新的动作、组合以及成套练习。这样，学生在不断实践中可以掌握创造性编舞的方法和原则，同时培养了创造性思维。

（五）健美操教学具有育人价值

在健美操教学中，包含深厚的育人价值，主要涉及以下几个方面：

第一，健美操课程有助于塑造学生健康高尚的个人品质。年轻人，尤其是学生，长期生活在学校、家庭这样较为单纯的环境中，缺乏生活阅历和个人经验，

使得他们在挑战和困境面前难以占据主动地位，出现茫然无措、逃避和恐惧等消极情绪。这样一来，他们很难正确认识和自主解决自身面临的困难和挫折。学生需要具备更强的社会适应能力和心理素质来适应社会的发展，而健美操课程是一种有效的培养方式。这种课程可以帮助学生增强合作能力和竞争意识、规则意识，从而鼓励学生彼此包容和互助互利，如健美操竞赛或小组协作等，能够发展学生的协作精神，促使学生形成规则意识，从而在各类活动中遵守相应的规则。在健美操教学中，部分学生会怯场，不敢大胆地做动作，担心自己动作不到位或出错而遭受嘲笑。在这种情况下，教师要以赞美和鼓励的话语激励学生开放自我、积极表现，培养学生的自信心。

第二，健美操教学有助于培养学生的审美能力。在健美操教学中，教师会训练学生的基本姿态和步伐，在长期的练习中，学生能够纠正不良体态，养成良好的精神面貌和气质修养。实质上，健美操教学就是根据美学理论设计人体的运动造型，健美操的动作、姿态等都强调美感，因而能够引导和启发学生对美的感知和欣赏能力，培养学生的审美素养，激发学生的审美兴趣，促进学生形成积极向上、健康正确的审美价值观。在教学过程中，教师会运用恰当的教学方式，并对原本的健美操进行适当改编，形成新的队形、动作变换组合和风格，使得动作与社会的审美流行更加相符，同时培养学生的独立思考和创新思维能力。

第三，健美操教学还有助于提升学生的文化修养。人文素养培养的关键在于净化心灵、丰富情感。在教学中，健美操不仅能够塑造优美的体形，还有助于塑造完美的人格，引导学生追求美好的道德，隐性提高学生的风度和气质。健美操本身具有艺术性和运动性，符合学生的艺术素质需求。健美操教学能够使学生获得愉悦的精神体验，让他们在日常生活中更具进取心和乐观心态。

三、健美操教学的任务

在健美操教学中，教师需要完成一定的教学任务，也就是完成教学目标中不同层次的要求。

（一）向学生开展思想品德教育

教师需开展思想品德教育，使学生形成顽强拼搏的精神以及遵守规则、团结合作的体育品德，使学生积极乐观、健康向上，促进学生个性发展，使学生正确认识健美操，提升对健美操的兴趣，形成良好的锻炼习惯。

（二）掌握与运用知识、技术，发展技能

教师在教学中，一方面需按照教学计划，向学生传授健美操的知识、技术和技能，让学生有序掌握并运用这些知识；另一方面还需要把与该运动相关的知识纳入教学内容中，培养学生的发现能力、创造能力和动手能力。

（三）开展审美教育

审美教育是培养学生正确的审美观、良好的审美能力和艺术创造能力的教育过程。健美操教学需发挥健美操本身的艺术性和审美特征，使学生形成健康的审美理念、高尚的审美品位和良好的审美能力。在健美操教学中进行审美教育，不仅可以提升学生的审美素养，促进学生身心全面发展，也能让他们在审美情趣和审美观念指导下学习。

（四）推行师范认证和课程思政建设

教育部于 2017 年 10 月发布《普通高等学校师范类专业认证实施办法（暂行）》，提出分级分类推进师范类专业认证。师范认证对照"践行师德、学会教学、学会育人、学会发展"（以下简称"一践行三学会"）的师范毕业生核心能力素质要求，评价师范类专业人才培养质量。[①] 因此，深刻领会和理解"一践行三学会"的内涵，结合体育教育专业特点，贯穿于教学全过程，是体育教育专业师范认证过程的关键。

健美操教学团队依据师范认证要求，深入梳理健美操教学内容中蕴含的思想价值和精神内涵，在凝练课程教学改革主线的基础上，挖掘并提炼思政元素，建立案例库，创新课堂形式，建立全程多元评价体系，构建"四位一体"健美操铸魂育人的教学新模式，力图寓价值观于知识传授、能力培养之中，提升课程的引领性和时代性。

面对师范认证提出的新任务、新举措和思政课程的新理念、新主张，体育

---

① 中华人民共和国教育部. 教育部关于印发《普通高等学校师范类专业认证实施办法（暂行）》的通知 [EB/OL].(2017-10-26)[2022-06-21]. http://www.moe.gov.cn/srcsite/A10/s7011/201711/t20171106_318535.html.

教育专业课程改革需要把握师范认证的精神实质，体会课程思政教学实践的核心要义。

在目标指向上，推行师范认证与推进课程思政建设都是为了落实立德树人的根本任务。为了提高未来教师的培养质量，在教育根本问题上，课程思政是"一践行三学会"实现的前提，让课程承载思政，思政寓于课程，从而达到立德树人的目的。这既指明了人才培养的方向，又解释了课程思政的协同效应。因此，师范毕业要求与课程思政目标在本质上是统一的，要在体育教育专业实现师范认证的毕业目标，必须在健美操课程教学中以"一践行三学会"为产出导向，融入课程思政改革，提高体育师范生的培养质量。

师范认证与课程思政都强调师德培育，国家将教师职业道德建设作为"立德树人"的根本任务，师德成为我国评判教师素质的第一把尺。因此，在师范认证中毕业的硬性要求之一是践行师德，而达到毕业要求是通过每门课程目标的完成度来衡量的，课程目标需要在教学实践中实现。由此可见，健美操教学改革必须把师德培育贯穿于课程教学建设之中，将师德价值教育融入健美操知识传授和能力培养之中。这既是课程改革的时代诉求，也是体育师范生实践师德的必然要求。

当前健美操运动对青少年身心健康有积极作用，在学校的教学实践中得到广泛开展。健美操是体育教育专业技术课程，在培养专业人才中发挥着重要作用。学校可以在深入理解师范认证与课程思政的现实需求后，结合健美操实践性强的特点，通过以美育人、以美化人的思维方式，提出健美操课程改革定位，即"精技艺，育师魂"。在强化学生健美操运动技术技能和提高教师教学能力的同时，在潜移默化中进行师德培育，宗旨是在"知识—技能—价值"的逻辑关联上进行延伸，将师德价值观融入知识传授和能力培养中，实现育人与育才的统一。

师范认证和课程思政都指向立德树人，目的是提高体育教育专业人才的培养质量，强调寓师德培育于知识传授、能力培养之中。健美操思政教学坚持以学生为中心，持续改进理念，以"精技艺，育师魂"为核心，以挖掘、提炼思政元素为突破口，以建立多层次教学案例库为基础，以创新课堂思政教学为主渠道，以全程多元评价体系为杠杆，探索健美操铸魂育人的教学新模式，在专业教学与师德培育中落实立德树人的根本任务。

第三节　健美操课程的设计与实施

一、健美操课程的设计

（一）课程的类型与内容

1.基础课型

（1）初级课、中级课、高级课

①初级课

动作简单，重复较多，速度较慢，内容为基本动作和基本技术。所以，要求身体协调性低，并以低冲击力动作为主。适合初学者和不同健康水平的参与者。

②中级课

动作较复杂，变化较多，音乐速度也较快。高低冲击力混合。适合有一定技术基础、身体协调性较好、身体健康的参与者。

③高级课

动作较复杂，变化较多，音乐速度也较快。一般高低冲击力混合或以高冲击力动作为主。适合技术水平较高、身体素质好的参与者。

（2）低冲击力课、高低冲击力课、高冲击力课

①低冲击力课

以低冲击力动作为主，运动强度低。动作的难度可以简单，也可以较复杂。适合所有人，尤其是初学者和有一定基础但健康水平欠佳或有关节病的人。

②高低冲击力课

高低冲击力相结合的课，运动强度中等。此类课型是目前实施最多的课型，适合有一定锻炼基础和健康水平较高的人。

③高冲击力课

以高冲击力动作为主，运动强度较大。适合锻炼水平和健康水平均较高的人。一般此类课型较少安排，尤其是高难度或复杂动作的高冲击力课，不仅要求学生具备较高的技术水平和身体协调性，而且要求有很高的健康水平和身体能力。因

此，从健身的角度来说，适合的对象较少。另外，高冲击力动作容易造成下肢关节的损伤，选择此类课时应慎重考虑。

（3）单峰课、多峰课

①单峰课

在整个课程的实施过程中，运动负荷可低可高，但强度基本一致，学生的心率曲线始终处于较平稳的状态。此类课型适合所有健康水平的学生。

②多峰课

多峰课或称间歇练习课，是在整个课的实施过程中，高强度的练习和低强度的积极性休息相结合，高低强度练习交替进行，能够使学生的心率曲线呈多峰状态。在积极性休息阶段，一般结合肌肉力量练习或做低冲击力的有氧操练习。此类课程适合具有中高健康水平的学生。

2. 不同内容的课

（1）根据使用的器械和设备

健美操课程可分为踏板课、水中课、哑铃课、杠铃课、健身球课、自行车课等。

（2）根据身体素质

健美操课程可分为有氧操课、肌肉调理课、柔韧伸展课、大脑—身体协调课等。

（3）根据动作的风格

健美操课程可分为拳击操课、拉丁操课、瑜伽操课、街舞课等。

（4）根据特殊人群的不同需求

健美操课程可分为儿童课、孕妇课、母子课、老年人课。

（5）根据不同的组织形式

健美操课程可分为循环练习课、间歇练习课、交叉练习课。

（二）课的综合

1. 不同身体素质的结合

如有氧操和力量练习、踏板和哑铃等。

2. 不同类型与心率的结合

如拳击单峰课、踏板多峰课等。

3. 不同难度、不同类型的结合

如初级有氧操和中级力量课等。

4. 花样课

在一节课中包括三种不同的练习形式，并不断地轮换。一般内容包括高低冲击力、低冲击力、间歇多峰、集体练习、踏板、循环练习、形体塑造、哑铃、肌肉调理和柔韧练习。特点是动作的编排一般较简单，并在一节课中至少包括两个有氧练习部分。例如，高低冲击力＋街舞＋肌肉调理→瑜伽＋踏板＋哑铃→拳击＋循环＋柔韧。

二、健美操课程的实施

（一）课前准备

1. 动作设计

根据课的类型、课的目标和学生的能力选择和编排动作。应明确课的目标是什么，通过课程学生能够学到什么。在学生能够接受的情况下，应适当增加新的变化，并使学生有"容易"和相对难一些的选择。

在编排完动作组合后，应尽可能地熟练动作，必要时应进行一定的练习，这样做可增强自信，并保证课的效果。

2. 教法选择

只有把设计的动作组合通过有效的教学方法教给学生，并在教学的过程中使学生学有成效，才能满足锻炼身体和娱乐的目的。因此，教法的选择占据了非常重要的地位。在选择教法时，要注意学生的接受能力，不同水平的学生应选择不同的教法。总之，要使学生能够接受而又不感到枯燥，使看起来很复杂的动作组合学起来不感到困难，从而使学生在练习的过程中不仅达到锻炼身体的目的，而且心理上得到满足。

3. 音乐

选择节奏感强、速度合适的音乐，并应在课前熟悉音乐的旋律和节拍，做到上课时心中有数。一般同一音乐可用几次，但要避免长时间使用，应及时更换新的音乐。每节课都应携带备用带。

4. 撰写教案

每节课前写教案可使课程准备得更充分，使教师更有信心。另外，长期记录的动作组合编排也有利于进一步提高教学能力和教学质量。

5. 场地器械的准备

课前应提前 10 分钟到课堂。首先，检查音响设备和场地是否正常，如有问题，应及时解决；其次，准备好上课所需器材，如哑铃、踏板、垫子等，并布置在不影响其他课进行、但便于取放的地方。

（二）课的组织

1. 介绍课程

在健美操课开始时，首先介绍本次课的主要内容、特点和目的，使学生做到心中有数。

如果本次课是第一堂课，或者都是新学生，教师首先应进行自我介绍，然后再和学生互相认识。

2. 练习队形与示范位置

练习的队形应根据学生人数和场地具体情况确定。学生之间的间隔和距离要适宜，每人应有大约 2 米的空间，左右以学生两臂侧举不相碰为准，前后应适当插空排列，这样学生不仅有足够的活动空间，而且能有效地观察教师的示范动作和面部表情，有利于教师教学。决定示范位置的第一标准是使全体学生都能看到，便于指挥和观察。

3. 练习形式

健美操课多采用集体练习的形式，因为有氧练习要求中低强度、长时间的运动。在健美操课进行的过程中最主要的要求是保持学生的心率在一定时间内不下降，使之稳定在最佳心率范围内。因此，集体练习成为一种最有效并被广泛采用的健美操练习形式。

集体练习又分为两种不同的练习形式——集体同时练习和集体分组练习。集体同时练习即所有学生同时做同样的动作，优点是比较简单，便于教师指挥，容易达到练习的强度和密度要求，不足之处是形式比较单一，容易使学生感到枯燥，从而失去练习的兴趣。集体分组练习即要把学员分成若干个组，同时或依次做不同的动作。这种练习包括目前在国内非常流行的循环练习，以及加入各种队形变化的练习方法。集体分组练习加强了学生之间的配合与联系，增加了练习的乐趣，同时把教师的主要工作从单纯的领导转变为课堂的组织。

在一堂健美操课中，可结合运用集体同时练习和集体分组练习两种不同的组织形式，比如，在热身和整理练习时采用集体同时练习形式，在中间的主要练习阶段采用集体分组练习的形式。这样可使健美操课的组织更加丰富多彩，提高学生的兴趣和锻炼的效果。

4. 观察与调整

虽然教师都会在课前写教案，设计好练习动作，但在健美操课进行的过程中，仍然需要随时观察学生的练习情况，并根据实际情况对动作的难度、教法进行及时的调整。

5. 激励

采用多种方法及时对学生进行激励是健美操教师必备的意识。激励在一堂课中应贯穿始终，包括表扬学生的每一点进步，使学生明确自己的进步，增强学生锻炼的信心，并鼓励学生向更高的目标努力。

（三）课后交流与总结

1. 交流与反馈

在健美操课结束后，教师不应马上离开场地，而应留有一定的时间与学生交流，及时了解他们对课的感受和想法。

2. 总结与改进

结合自己的感受和学生的反馈信息，教师应对上课情况进行及时的评估和总结，肯定优点并找出存在的问题及其解决方法，为下次课的改进提供依据，从而不断提高自己的教学能力和教学质量。

第四节　健美操训练相关理论

运动训练学中最基础的内容为"体技战心智"，也就是体能、技术能力、战术能力、心理承受能力和运动智能，本节从这五个方面的基础理论出发论述健美操的训练。

一、健美操体能训练

（一）健美操体能训练概述

1. 体能

体能是人体的基本运动能力，是一个动态、开放、综合的系统。体能的获得受人体系统内外环境变化的影响，使人们对体能的认识需要用发展性思维来检验。人体形态、功能和质量的许多指标在很大程度上取决于先天遗传因素，这些指标在自然生长发育过程中随年龄变化而变化。人体的物理性能在不同的环境中有所不同。例如，在日常生活中，只要身体的形状和功能正常，就可以适应环境。但对于训练者来说，为了适应特定的训练和比赛环境，有必要在身体正常的生理范围内最大限度地发挥身体潜能。体育优势项目的表现主要集中在基本体育素质的储备和应用上，除了技能优势项目外，在身体表现过程中，神经系统和心理因素都与身体有关。外界环境的变化刺激人体适应体能的各个方面，为体能的再塑造提供训练意义。

2. 体能训练

在了解健美操体能训练的概念之前，应该首先对体能训练（体力训练）的概念有一定的了解。体能训练是运动训练的重要组成部分，通过对训练者的速度、力量、柔韧素质、耐力、灵敏度以及身体协调性方面的训练，促进训练者的身体健康，提高训练者的竞技技术，改善训练者的身体机能（如神经、肌肉、骨骼等）。

有学者把体能训练分为一般体能训练和专项体能训练两种类型。一般体能训练指的是运用非专项训练的手段对学习者开展训练，旨在提高训练者的综合身体素质，为专项训练奠定基础。专项体能训练指的是对某项体育运动项目的训练者开展围绕该项运动的特有技术、比赛规则、判定标准等制定的具有很高针对性的专业体能训练，这样的训练对于提高训练者的专业技术和战术，加强专项运动素质，提高训练者的竞技能力并在运动比赛中获得优异成绩具有重要作用，具有高度的竞技化、全面化和整体化特点。

可以说，一般体能训练与专项体能训练具有相辅相成的关系，缺一不可。如果训练者只进行一般体能训练，不进行专项体能训练，就难以完成比赛要求的技术动作，或者无法得到理想的成绩；如果训练者不进行一般体能训练而直接进行专项体能训练，就很有可能因为身体无法适应高强度、高标准、高要求包括专业技术动作或耐力、柔韧素质训练等在内的训练内容，而导致无法完成训练任务，甚至可能因为身体没有做好准备而导致运动损伤。轻者需要一段时间的休息，重者可能从此告别运动生涯。

当人们说到体能训练的时候，经常会有人将身体训练与体能训练相混淆。其实，与体能训练相比，身体训练比较片面，是针对某项身体素质进行的训练，如力量、速度、柔韧度等，是忽视身体机能的整体锻炼和竞技心理素质的训练。

3. 健美操体能训练的概念、构成

健美操体能训练指的是针对健美操运动对学生的肌肉耐力、爆发力、平衡能力、速度等方面的身体素质要求而开展的兼顾勇于拼搏的心理素质的一种训练，具有很强的针对性。

健美操学习者的体能水平主要是通过训练者的体态、力度、整体力量、运动耐力、柔韧性、协调性、表现力等方面表现出来的。

第一，体态。体态指的是身体形态。健美操运动对训练者的身体形态的要求是很高的，总的来说，就是要求学习者的体态要美：女性训练者要体态优美，男性训练者要体态壮美。体态美是由两个方面表现出来的，一个是身体匀称婀娜，站姿、行走姿势、坐姿端庄且大方，一个是心灵、神态的美，训练者的内心平和与否、自信与否会对比赛中是否让人印象深刻有很大影响。因此，应该对健美操训练者开展体态训练，通过做瑜伽、听音乐等方式培养训练者的体态美。

第二，力度。力度指的是训练者在完成动作时动作变化速度和熟练程度的表现，是衡量健美操竞技水平的重要标志。健美操动作复杂、多变，有的柔美，有的刚劲，有的舒缓，有的急促，恰到好处地把握各种技术动作对于训练者来说是至关重要的，而力度训练可以使训练者更加熟练地掌握技术动作，在比赛中有更好的发挥。

第三，整体力量。整体力量是专项能力的基础，强大的整体力量是健美操对训练者的基本要求。健美操运动对全身肌肉、骨骼等身体机能的全面要求，决定了训练者必须加强整体力量训练。

第四，运动耐力。运动耐力是健美操训练者需要拥有的基本能力。因为健美操是运动强度较大的一个体育项目，一整套健美操动作做下来，通常会让训练者大汗淋漓，导致身体疲劳，所以在体能训练时进行耐力训练是十分必要的。通过持久的耐力训练，训练者才能在比赛中时刻充满激情和饱满的热情，以充沛的体力完成整场比赛。

第五，柔韧性和协调性。良好的柔韧性和协调性是对于健美操训练者的基本要求，健美操运动可以说是一种舞蹈，对人的上下肢、躯干、头颈和脚踝，尤其是髋部的灵活度、柔韧性以及身体各部位的协调配合度要求都很高。一个训练者势必通过长期不断的专业训练，才能达到相应的身体柔韧性要求，从而在做技术动作时协调统一。

第六，表现力。表现力是训练者的重要比赛能力之一，是所有竞技类比赛项目的重要评分指标，健美操也不例外。例如，一名训练者具有先天的健美操天赋，又在平时训练十分刻苦，训练成绩遥遥领先，但是如果缺乏表现力，即使在平时训练中十分努力，技术动作做得十分到位，身体协调性非常好，也无法在竞技比赛中取得良好的成绩。裁判进行打分时，不仅仅是依据训练者的技术完成得如何，现场适应能力和临场发挥水平的高低，还要根据训练者带给所有观众的感染力综合评价。因此，健美操训练者在进行体能训练时，不应该仅关注身体素质训练，也应该进行表现力的训练。

（二）健美操体能训练的基本原理

1. 遗传与青少年生长发育规律

（1）遗传与体能训练

健美操体能训练是根据训练者的个体差异科学制定的，而他们的个体差异除了成长环境和后天训练的不同影响外，还有遗传基因的影响。根据生物学家对人类遗传基因方面的研究文献可知，人的性格、形态、生化指标以及运动素质等都在一定程度上由父辈遗传到子辈，其中，人们的形态、生理机能和代谢情况的遗传度相对较高，而运动素质（速度、力量、柔韧度）的遗传度相对较低。遗传度越高的指标（如坐高和腿长），后天的成长环境或训练对其影响越小；遗传度越低的指标（如绝对力量和运动速度），后天的成长环境或训练对其影响越大，这为健美操训练者科学、合理地开展体能训练提供了重要的理论依据，训练者可以通过适当的体能训练深度激发运动素质，激发运动潜力和竞争能力。

（2）青少年生长发育规律与体能训练

青少年的生长发育规律是大多数人成长过程中呈现出来的普遍现象，掌握青少年生长发育规律对健美操体能训练的开展具有重要意义。青少年在不同的生长发育过程中，其形态、性格、代谢水平、运动素质和生理机能等具有不同的发展规律，只有准确把握并严格遵循这个规律，才能制订相应的科学的体能训练计划。

2.运动技能学习与控制原理

运动技能学习与控制是健美操体能训练的重要理论基础。健美操是技能主导类运动，不仅对训练者的身体形态和技术水平要求高，对训练者身体的协调性、动作的熟练程度、神经控制系统水平等方面也有较高的要求。人类的各项身体机能对学习者技术水平的提高具有重要影响，对体能的发展也具有很强的制约作用。一个训练者的技术水平是通过技术完成情况表现出来的，而技术完成的好坏受到身体协调性、动作熟练程度、肌肉支配情况等运动素质的高低制约。

从动作完成的角度来分析，一个完整的反射活动至少需要两个神经元才能完成，神经元之间利用神经物质进行信息的传导，而传导的完成情况直接影响动作的完成情况；从生理角度分析，一系列条件反射的建立是形成运动技术的生理基础，大脑和肌肉群之间的暂时性联系以及对各动作的感知情况对于运动素质的发展至关重要。在健美操专项体能训练中，要进行大量相似或相同技术动作的反复练习，让全身的肌肉和大脑神经中枢之间建立起紧密的联系，对于每个动作中肌肉应该呈现的状态有明确的定位，使肌肉群形成运动记忆。一旦大脑发出指令，肌肉群立刻通过协调配合迅速地做出相应动作，整个过程如行云流水，准确而到位。中枢神经和肌肉系统的完美配合是通过不断的学习实现的，因此，运动技能的学习与控制是体能训练的重要理论基础。

运动技能是通过学习获取的一种运动方式，它的获取可以分为三个学习阶段——泛化学习阶段、分化学习阶段和固化学习阶段。几乎人们对所有知识的学习都需要经过这样一个从学习到巩固的过程。健美操运动技能的形成受到训练负荷、训练时间、个人身体素质、心理状态等因素影响。运动技能的形成过程是人体神经网络的自组织变化。哲学里面说意识是具有能动性的，这主要表现在一个动作的完成是由意识驱动的，意识使身体各器官、肌肉组织做出相应的条件反射，即反应，以完成主体的目的，而技能高低是由动作的完成情况体现出来的，技能的发展和体能的提高具有很大的因果关系。

3.机体负荷适应与能量代谢恢复机制

（1）运动训练负荷与适应原理

运动训练负荷的实质是通过对机体长时间施以运动刺激，使身体机能和肌肉群做出应激反应，并使机体逐渐形成与之相适应的应答性变化，即刺激—反应—适应的过程。运动训练就是一个不断破坏机体的能量补充与消耗的旧平衡，而建立新的平衡的循环往复的过程，通过这样的平衡破坏与重建使训练者的技能水平得到不断提高。

运动训练负荷包括负荷量和负荷强度两个方面的内容，负荷量反映的是对机体的刺激数量，包括频次、距离、重量等因素；负荷强度指的是对机体的刺激深度，包括密度、难度、质量等因素。负荷量和负荷强度是运动训练负荷的构成要素，二者具有相辅相成的关系。运动员在进行训练时必须同等对待这两个要素，既不能只注重数量而忽视强度，也不能只注重强度而忽视数量的积累，否则都将无法对机体构成有效的刺激，机体也就无法做出相应的应激反应，更无法做出应答变化。因此，健美操教练应该根据运动员的具体情况，合理搭配负荷量和负荷强度，对训练者的体能训练做出科学合理的指导。

（2）能量代谢与恢复原理

新陈代谢是人类身体机能正常运转的基本保证，是人类进行一切生产和生活活动的基础。新陈代谢包括物质代谢和能量代谢两部分，健美操专项体能训练与能量代谢具有密不可分的关系。训练者在进行体能训练时会消耗大量的能量，这些能量需要进行及时的补充与恢复，而这样的一个能量消耗和补充过程主要是依靠糖类、脂肪和蛋白质的代谢实现的。这三类能量物质的代谢实质是 ATP（腺嘌呤核苷三磷酸）的分解与再合成，这个过程的速度快慢决定着机体运动能力的高低。ATP 的合成依靠三个系统：磷酸原供能系统、糖酵解功能系统和有氧氧化功能系统。当机体进行运动时，这三个功能系统同时工作，根据运动时间的不同，三个系统的功能比例有所不同。一般情况下，运动时间在 10 秒以内的运动，主要是由磷酸原功能系统进行供能；运动时间在 10 秒—3 分钟的运动，主要是由糖有氧酵解系统进行供能；运动时间在 3 分钟以上的运动，主要是由有氧氧化供能系统进行供能。

健美操要在 100 秒左右的时间里连续完成包含难度、操化、过渡与连接、配合等不同类型的动作，在能量代谢上，属于以无氧供能为主的混合供能运动。毕献为等学者对健美操训练者的无氧供能水平进行了研究，分析其在完成成套动作演练、实验室完成定量负荷等不同运动状态下生理生化指标的变化。无氧糖酵解供能水平是限制健美操耐力水平发展的重要因素，在体能训练中，无氧代谢能力是关键。健美操的能量代谢是以糖酵解系统供能为主的三大系统联合供能，糖酵解能力主要受到以下几方面因素影响：体内糖原的含量、机体对酸性产物的缓冲能力、脑细胞对酸的耐受能力。

（3）运动中与运动后主要能源物质的恢复

《运动生理学》中认为，恢复是人体在运动过程中和运动结束后各种生理机能和能源物质逐渐恢复到运动前水平的变化过程。机体的恢复过程可分为三个阶段，即运动中恢复阶段、运动后恢复到运动前水平阶段和运动后超量恢复阶段。[①]运动时恢复是运动中随着能源物质的分解就开始再合成的过程。运动时的消耗大于同步恢复，在运动停止后，消耗过程减弱，恢复大于消耗，能源物质和人体机能可逐步恢复到原有水平。在运动后的一段时间内，进入超量恢复阶段。超量恢复的形成与运动负荷密切相关，在适当的运动负荷刺激下，有机体的消耗过程越激烈，超量恢复过程越明显，如不及时给予新的负荷，超量恢复在保持一段时间后又会回到原有的水平；如果负荷量过大，超出生理范围，恢复过程就会延长。超量恢复为训练过程中如何提高机能、增进素质以及合理安排运动负荷提供了重要的生物学依据。

磷酸原的恢复很快，在剧烈运动后被消耗的磷酸原在 20—30 秒内合成一半，2—3 分钟可完全恢复。糖原是人体运动时有氧和无氧代谢的重要能量物质。运动后影响糖原恢复的因素除时间和运动强度外，食物的营养补充也会对肌糖原的恢复产生较大的影响。长时间运动肌糖原耗尽后，使用高糖膳食 46 小时即可完全恢复。在短时间、高强度的间歇训练后，无论是普通膳食还是高糖膳食，肌糖原完全恢复都需要 24 小时。脂肪被认为是体内储量最多的能源物质，脂肪的分子结构由甘油和脂肪酸两部分组成；蛋白质是生命现象最基本的物质基础，它在生物体内的存在形式和作用是多样化的，与训练者的肌肉力量和肌肉蛋白紧密相关，

---

① 王正朝，刘红博，王少兵．运动生理学 [M]．成都：电子科技大学出版社，2019．

训练后脂肪和蛋白质的恢复较其他几种能源物质慢。力量训练可增加肌肉蛋白质和酶活性，耐力训练能增加肌肉中储氧的肌红蛋白和进行有氧代谢的血红蛋白，训练后磷酸原、肌糖原、蛋白质、脂肪等能量物质的代谢和恢复是不相同的。体能训练会导致运动性疲劳，运动性疲劳是指机体生理过程不能将其机能维持在特定水平上，或各器官不能维持预定的运动强度。人体训练、疲劳和恢复是生物体的客观规律，掌握物质能量消耗和恢复过程的规律是运动训练中的重要内容。训练与恢复是训练过程不可或缺的两个方面，科学地安排训练和恢复的关系才能促进体能训练效果的最大化。

（三）健美操体能训练的原则与负荷安排

1. 健美操体能训练的原则

健美操体能训练如果想取得良好的效果，不能随心所欲地进行训练，必须遵循一定的训练原则。现将各原则的具体内容做如下介绍：

（1）训练强度适量原则

健美操训练者是要同时兼顾学业和健美操体能训练的，既不能只顾学业而忽视体能训练，也不能将大部分精力用于训练而荒废了学业，否则将本末倒置。要想解决这个矛盾，可以从训练强度方面着手，根据学生的实际情况，结合学生的时间、学业、体能情况合理安排训练强度，既达到预期训练目标，又不至于让训练者在训练后由于体力透支无法进行学业学习，从而实现学业与兴趣爱好"两不误"。

（2）针对性训练原则

由于训练者的年龄、身高、体重、受训时间以及天分和基础不同，每个人的职责和应该加强的能力也就不尽相同，因此，健美操运动队的负责人应该尽量多地安排具有丰富实战经验和水平高的教练员对队伍各成员进行有针对性的训练。

（3）"三从"原则

健美操训练"三从"原则中的"三从"指的是从实战出发、训练从严、训练从难，教练员应该严格按照这三点对队员进行训练指导。首先，进行健美操体能训练的最终目的是应用于实战，所以训练要从实战需要出发，根据健美操队的总体水平和训练者身体素质差异等开展适宜的训练。其次，所谓"严师出高徒"，想要取得好成绩，必然需要一名有原则的教练对队伍进行必要的训练，如果教练对待队员太过温柔，就难以调动队员的紧张感，难以激发他们的拼搏精神和坚强意志，容易遇到问题就望而生畏，这样是很难取得好成绩的。最后，健美操比赛对训练者的体力、技术水平和心理素质的要求都非常高，需要各个队员达到自己的巅峰水准。在健美操体能训练时，教练如果只是组织队员进行基本的简单的基础训练，如力度、柔韧性、协调性等，就不仅不能适应比赛的要求，而且对队员个人水平的提升非常不利，所以应根据实际情况，适时提高训练难度，激发每个队员的潜力和昂扬的斗志，为他们以后个人的发展奠定良好的基础。

（4）全面系统性原则

健美操是一项集速度、力量与美于一体的体育项目，不仅需要强大的体能、奋发的精神，还需要熟练的技术与默契的配合。队员在进行体能训练时，既要通过沙袋绑腿训练奔跑速度，又要紧跟教练步伐提高个人的技术水平，还要注意与队友密切配合；教练在组织队员进行训练时，要想好前后训练项目的衔接性，要做到训练项目互相关联、互相促进，上一个训练项目为下一个训练项目打好基础，下一个训练项目是上一个训练项目的延续和提高。队员和教练相互配合，使整个训练全面而系统地顺利进行。

（5）积极主动原则

由于各个队员的基本情况，如身高、体重、年龄、健康状况、运动时间安排等存在一定的差别，如果都被动地等着教练安排训练，那么自身条件好的队员就进步得快，条件稍差的同学就会被越甩越远，所以队员应该根据自己的情况进行积极主动的训练，从自己最不擅长的技术练起，争取通过不懈的努力最终达到想要的结果，从而为整个队伍在比赛中的胜利贡献属于自己的力量。

（6）周期性原则

人们学习英语的时候，一个单词背会了，几天不看就会想不起来怎么拼写、怎么应用，只有进行周期性复习，才能做到一个单词、一篇课文了然于心。体能训练同样如此，对于一个动作进行反复的练习，让全身各部分的肌肉、各器官都记住这个位置和状态，才能达到最佳的训练效果，而且要经常性地进行周期复习，使肌肉和器官都"养成习惯"，从而提高个人的技术水平。

2. 健美操体能训练的负荷安排

对学生健美操训练者开展训练，有别于对专业健美操运动员的训练。专业运动员的体能训练通常是高强度、高难度、超大负荷的，因为健美操就是他们的职业，他们要竭尽所能地将自己奉献给终身事业；学生则不同，他们还处于受教育阶段，主要任务仍然是学习，不考虑他们的自身特点而盲目地对他们开展大负荷的训练的方式是不可取的，这不仅会增大他们的课业压力，也不利于他们个人健美操技术水平的提高，更不利于他们未来的职业发展。因此，综合分析学生的特点，科学规划体能训练负荷势在必行。

（1）调控训练负荷量的方法

教练在给训练者设定训练量的时候，应该遵循"符合—恢复—超量恢复"的规律，对训练者的训练负荷进行合理的调控。一般的训练负荷调控方法如下：

第一，渐进式与阶梯式调控法。渐进式和阶梯式训练负荷调控法是日常训练中常用的方法，采取这两种方法进行负荷调控，可以达到训练者技术水平和体能稳步提高的目的。所谓渐进式调控法，是指根据训练者的基本情况，按照正比例函数，即呈斜线上升的方式逐渐增加或减少负荷，进行负荷调控的一种方法。这种方法不会给训练者很大的精神和体能压力，能够让训练者在一定的时间后看到自己各方面的成长，是适用于健美操体能训练各个时期的一种方法。阶梯式调控法与渐进式调控法都是通过逐渐增加或减少负荷对训练者展开训练的，不同的是，阶梯式调控法会产生一个梯度的空当，在"上升—保持—上升"的过程中，陡然提高训练负荷，不会给训练者逐渐适应的机会，这对于校园中的健美操训练者来说具有一定的难度。所以通常是在赛前的训练中才使用这种训练方法，在健美操的日常体能训练中不会进行高压训练。

第二，波浪式与跳跃式调控法。波浪式和跳跃式调控法都属于训练负荷富于强烈变化的调控方法，不同的是，跳跃式调控法对于训练者来说具有更大的挑战性。虽然难度较大，但可以使训练者的整体水平在短时间内得到大幅度提高，这种方法通常不会被应用于健美操训练者的训练中，一般用于超高水准的赛前训练和个人技术水平较高与体能状况良好的训练者身上。波浪式调控法相对来说温和些，采取的是"上升—保持—下降—再上升"的负荷调控方法，这种循环往复的负荷调控形式可以使训练者的身体得到适当放松，使他们的各项运动指标稳步提高。一般在健美操体能训练中应用比较广泛。

第三，衡量式调控法。顾名思义，衡量式调控法就是运动负荷处于动态平衡

（基本不会发生变化）的过程中，这是健美操运动训练时最常用的一种负荷调控方法，经常贯穿于训练过程始终。需要注意的是，采取这种衡量式负荷调控方法进行训练时，容易使训练者肌肉产生"思维定式"，在其适应了当前的运动量和反应速度的情况下，一旦要面对场面激烈的对抗，肌肉的爆发力就可能相对较弱，难以适应紧张刺激的比赛，跟不上比赛节奏，从而导致比赛结果不尽如人意。

（2）训练负荷适合程度的判断

想要达到最佳的训练成果，教练就要对训练者进行的训练量有一个良好的把控。过高的运动负荷是训练者的身体和心理的沉重负担，而过低的运动负荷又远远达不到预期训练效果。因此，做好训练负荷适合程度的判断对于教练来说是一项十分重要的职业技能。训练负荷是否得当，一般应从心理学方面和生理学方面进行判断。

第一，心理学方面。人的内心感受通常会通过表情、动作、情绪等反映出来，因此，教练可以根据训练者在训练时的情绪反应判断为其设定的运动负荷是否合适：如果训练者训练时三心二意，心不在焉，则证明训练负荷过小；如果情绪不好，疲惫不堪，则证明训练负荷过大；如果训练者表现得积极上进、斗志昂扬，则证明训练负荷基本符合其承受能力。

第二，生理学方面。人在静止和运动时的心率和肌肉是处于不同状态的。因此，教练可以在训练者参加训练时对其肌肉状态、糖类代谢、心率情况等进行实时监控，根据各项指标变化，科学准确地判断出个人最适合的运动负荷。其中，心率测定方法较简单，所以在判断训练负荷是否得当时应用得较广泛。例如，当训练者的心率超过160次/时，则证明运动负荷过高，应适当降低训练量，以维持最佳身体状态等。

（3）影响训练负荷大小的因素

教练在对健美操训练者进行体能训练时，不能为了追求训练效果而盲目增大训练负荷，而要结合训练者的身体、心理情况以及训练的周期性等因素综合确定最适宜的训练负荷。

①训练者个人素质对训练负荷的影响

虽说训练负荷越大，在经过恢复之后对训练者的个人能力成长效果越好，但是，凡事都要有一个度，训练负荷的大小要根据训练者的年龄、骨骼与肌肉状况、心理状态等因素科学合理地制定，既要达到教练既定的训练目标，又不能对训练者的身体和心理造成伤害。

②训练周期性对训练负荷的影响

体能训练是具有一定周期性的，主要表现在训练者竞技能力的提升、技术水平的发展、生理指标的变化等方面，因此训练负荷的确定应该随着这个周期做相应的调整。例如，在体能训练休整期，教练不应该给训练者安排大负荷的训练任务。

（4）体能训练负荷的合理安排措施

①处理好负荷和恢复之间的关系

身体机能的恢复时间长短不仅受到个体身体恢复水平的影响，也受到训练负荷的大小和负荷性质的制约。身体恢复水平越高、训练负荷越小，则身体机能恢复越快；身体恢复水平越低、训练负荷越大，则身体机能恢复越慢。而一般人的身体机能恢复水平是不会发生较大变化的，所以如果不想损害健美操训练者的身体健康，教练就要科学处理负荷量、负荷强度与机能恢复之间的关系。

②适时调整负荷计划

鉴于健美操训练者的特殊身份，教练在为其安排训练负荷计划时，很可能因为时间冲突，或者因为其他某些事情导致训练受阻中断，这时就要求教练及时调整训练负荷，实现最终训练目标。

③有针对性地制定训练负荷

教练在为健美操队员制定训练负荷时，应对每个队员的年龄、参训时间、运动间歇时间、身体健康状况、心理状态因素进行综合考虑，最后制订出适合每个人的训练负荷计划。例如，对于长达一年没进行过健美操训练的队员，应该相应地降低运动负荷；对于心理状态不佳的队员，同样不应该进行高强度的训练，以免进一步加重其心理负担。否则不仅起不到提升个体能力的作用，还会导致身体损伤等意外情况发生。

（四）健美操体能训练的内容和方法

1. 柔韧素质训练

柔韧素质主要是指腰、胯、膝盖等处的关节和韧带的强度和韧性。训练者在加大训练的幅度、频率时，身体的柔韧度起着关键作用，柔韧度好，训练者的运动潜能就比较容易被激发出来。另外，良好的柔韧度还是训练安全的保障，可以最大限度地避免运动损伤的形成。因此，教练员和训练者都应该注重机体柔韧性的训练。

（1）柔韧素质的概念

柔韧素质是指身体关节、肌肉、韧带的最大伸展范围。肌肉、韧带的拉伸程度对关节活动的幅度形成一定的制约，但关节的柔韧程度主要取决于关节本身的结构。

人们在完成不同的运动项目的过程中，关节、韧带会表现出不同的活动幅度和伸展性，根据这些情况，把柔韧素质分为两类：一般柔韧素质和专项柔韧素质。一般柔韧素质是专项柔韧素质的基础，一般柔韧素质强，专项柔韧素质就比较容易培养。

（2）柔韧素质对健美操训练者的影响

①提高技术水平

柔韧素质的训练可以有效提高训练者技术动作的表现水平，提高动作的精准性和连贯性。训练者进行身体柔韧素质训练的主要目的是加强关节、韧带的拉伸能力，使关节运动的幅度最大化，使肌肉的伸缩力达到最高水平。系统科学的柔韧素质训练可以使训练者的运动潜能得到大幅度开发，提高技术动作的准确性，使训练者在比赛中发挥出最佳水平。有效的拉伸运动还能激发肌肉细胞的活性，促使整块肌肉而不只是某一部分肌肉参与工作，使整块肌肉均衡发展，从而实现速度与力量并举。另外，比赛之前进行柔韧训练还能起到稳定训练者情绪、集中注意力的作用。

②避免运动损伤

训练者拥有良好的柔韧素质，平时多注意肌肉的拉伸训练，还可以有效缓解肌肉的紧张感，提高肌肉疲劳后的恢复能力，缩短恢复时间。在比赛中，训练者身体疲劳感恢复得越快，比赛的状态就越好。有效的拉伸训练还可以缓解训练者腰背部肌肉酸痛、痉挛的状况，避免因肌肉疲劳造成肌肉损伤。柔韧性是指关节在自身的活动范围内克服阻力的能力。加拿大安大略省约克大学力量训练专家博蒙巴博士将柔韧性训练放在三大力量训练（硬拉、卧推、深蹲）的第一位，原因主要是为了避免运动损伤。经历过伸展练习的肌肉和没有进行伸展练习的肌肉相比，在完成动作的过程中表现得更敏捷，肌肉的耐力也有所增强。例如，在进行深蹲训练时，如果训练者的膝关节和踝关节、髋关节都进行过针对性柔韧训练，就可以没有任何问题地完成最深度的深蹲。但如果没做过相应的练习，肌肉韧带的僵硬就很容易导致肌肉拉伤的出现。适度的柔韧训练还对延迟出现的疼痛有明显的缓解作用，这种疼痛一般会在运动训练后第二天出现，及时通过柔韧训练解决这一问题，可以使训练者尽快摆脱运动疲劳，迅速恢复到正常状态。

（3）柔韧素质的训练要求

柔韧素质训练是一个长期的过程，具有非常明显的实效性。也就是说，在练习时会有很明显的效果，一旦停止练习，效果就会逐渐消失。所以，柔韧素质训练是每次训练之前必须进行的。柔韧素质训练是一个循序渐进的过程，要做到有计划、有步骤地实施。肌肉的拉伸过程会伴有疼痛产生，并且年龄的增长与柔韧度也有很大的关系，年龄越大，身体的柔韧素质越差。因此，长期的柔韧素质训练是一个艰苦的过程，需要一定的意志力和心理基础作为保障。

在日常的训练中，教练员要做到在每次训练课开始之前都对训练者进行柔韧素质训练，在训练者身体各部位的肌肉、关节、韧带都得到充分伸展后再开始专项训练。另外，教练员要注意将训练者的柔韧素质训练与其他素质训练结合进行，尤其要与力量训练相结合，要求训练者身体的力量素质与柔韧素质均衡发展，使训练者的肌肉、韧带柔而不软、韧而不僵，体能基础坚实，关节运动掌控自如，从根本上提高训练者的身体素质。

（4）柔韧素质与其他素质的关系

健美操运动是一项综合性运动，它要求训练者本身要有非常过硬的身体素质，身体各部位运动机能要协调发展，这样才能在比赛中取得好成绩。训练者身体素质的培养应兼顾多个方面，如力量、速度、灵敏等，柔韧只是其中的一项。发展训练者身体的柔韧素质，一定要将其与其他素质训练紧密地联系在一起，形成完整的体系，在相互配合、优势互补中完成训练者身体素质的积累与提升。训练者要提升自身的专业水平，就要将良好的身体素质、过硬的技术技能、灵活清晰的思维、平稳健康的心理等因素结合起来，只有这样，才能走上成功的顶点。

（5）柔韧素质训练的步骤

训练者身体柔韧素质的训练对训练者综合素质的提高十分重要，在具体的训练过程中，身体各部位的伸展顺序也是十分重要的。首先，从身体的躯干部位开始，伸展腰部、背部、臀部、髋关节、大腿。其次，按照这个顺序对身体进行延展练习，让肌肉处于放松的最佳状态，然后尽力拉长肌体，感觉肌肉和关节的活动范围在逐渐扩大。这样的练习可以最大限度地提升身体的柔韧性，因为这些部位的肌群伸展可以影响身体其他部位的肌群，以大肌群的伸展为基础，可以有效地带动小肌群的伸展，对整个机体柔韧素质的提高起到推动作用。人体大部分动作的完成都是靠改变身体重心实现的，大腿肌肉的拉伸受到腰背肌肉、臀肌、髋关节等肌群和关节的影响。训练者在进行柔韧度训练时，先将大肌群充分地拉伸，再伸展其他部位的小肌群。具体操作步骤如下：第一，在进行躯干和下肢的柔韧训练时要按照腰背、髋关节、大腿后侧肌群、大腿内侧肌群、四头肌、小腿、踝关节、脚的顺序逐步进行练习。第二，在进行上肢的柔韧训练时，要按照肩关节、臂、肘、腕、手的顺序进行练习。第三，要对颈部进行练习。

（6）柔韧素质训练的方法

①静态练习法

静态练习法是指在静止状态下完成某一伸展性动作，并保持一定的幅度，持续一定的时间。静态练习法要求动作完成一定要缓慢，要慢慢进行拉伸，直到极限，训练者能够感受到拉伸感，但不应该有疼痛感，保持肌肉牵张的最佳状态，持续一段时间后放松，然后进行下一组练习。个人静态练习方法有直体前屈压腿、开立侧压腿、弓步侧压腿、坐式腹股沟拉伸、仰卧提膝、仰卧举腿、仰卧抱腿等。训练者在进行静态练习时要注意以下四点：第一，每个动作保持15—20秒。第二，每个动作重复练习2次。第三，每个星期要保证5—7次的练习。第四，静态练习要保证训练者身体的各部位都能得到练习，让每个肌群都能得到伸展锻炼。

②动态练习法

动态练习一般运用在静态练习之后，动态练习比静态练习的效果更加积极，动态练习对于训练者日常训练和参加比赛起到积极准备的作用。动态伸展运动是连接静态伸展运动和剧烈运动的桥梁，起到过渡的作用，它能使肌肉、韧带、关节从静止状态平稳过渡到剧烈运动的状态，形成一个循序渐进的过程，使负荷从小到大逐步增强，给机体一个逐渐适应的缓冲过程，为完成剧烈运动做好准备。动态练习对关节活动范围的增大也能起到积极的作用，使训练者对关节的活动范围拥有最高的掌控能力。

③被动练习

被动练习是指训练者在教练员或是队友的帮助下完成的训练。只有运用正确的训练方法才能保证被动练习的安全性，被动练习对关节活动范围的增大具有一定的作用。在做被动练习时，参与人员要精神集中、谨慎操作，避免给练习者造成运动损伤。具体操作时要注意以下几个问题：第一，帮助训练者进行伸展练习时动作一定要缓慢、轻柔，施加压力的力度一定要有掌控，要一点一点逐渐增加，切忌急于求成。动作施压不稳定，会给训练者身体造成损伤。第二，被动练习强度要适中，既要使训练者感受到明显的牵张力，又不能有疼痛感，一旦训练者感到明显不适，就要立即终止练习。第三，训练者伸展的程度要因人而异，并不是幅度越大越好，要恰到好处，以最大限度地增加机体柔韧性而不感觉剧烈疼痛为原则。第四，在整个被动练习过程中，训练者要与帮助练习者全程保持语言交流，有问题及时沟通，确保被动练习的安全性。被动柔韧练习有坐胯伸展、双膝触胸、单膝触胸、仰卧单腿交叉推压、仰卧屈膝分腿等练习。

（7）柔韧素质训练应注意的问题

第一，充足的准备工作。训练者在进行柔韧素质训练之前，要充分做好准备工作，首先要做好3—5分钟的热身运动，确保安全，防止受伤。热身运动能将机体迅速地唤醒，使其快速地进入工作状态。

第二，循序渐进的原则。柔韧训练的强度要循序渐进、逐渐加强，要给机体充分的缓冲时间。在做拉伸动作时幅度要逐渐增大，避免因用力过猛而造成损伤。

第三，训练时间的选择。柔韧训练需要反复进行，因为一旦中断练习，身体的柔韧程度就会降低，因此，练习必须持之以恒。在每次训练之前都应该合理安排柔韧训练的时间：一是为了给下面的训练做准备，二是为了保持身体的柔韧水平。一般选择下午时间进行练习，在训练者有疲倦感的时候不宜进行练习。

第四，训练的顺序性和整体性。训练者在进行柔韧素质的训练时，要注重训练的顺序性和整体性。柔韧性的训练是以全身所有部位的均衡训练为基准，不应只强调某一部位的柔韧训练。另外，训练应遵循先训练大肌群，再训练小肌群的原则。

2. 专项体能训练

（1）专项体能的概念

目前，国内外学界对专项体能概念的认知还没有达成共识，大多数学者通常认为专项体能是指训练者必须具备的、与比赛项目息息相关的、能够充分体现比赛项目特点的相关体能，它标志着训练者自身的运动能力水平和对所从事比赛项目的掌控程度。

专项体能是指以训练者身体运动能力为基础，针对不同的体育项目，满足不同比赛需要，能明显体现出本项目与其他运动项目不同的身体活动特征、比赛需求特征等。专项体能的核心作用是满足不同比赛项目的体能需求，还要使训练者保持适应比赛节奏的持续运动能力。

（2）专项体能训练的重要性

每一种运动项目都有其与众不同的专项特征。专项特征是指运动项目特有的，在比赛与训练的过程中表现出来的，与其他项目在医学、生物学、遗传学、运动学等方面相区别的标志。健美操运动对训练者体能的要求不断提高，优秀训练者之间在技术执行的水平上已经无法拉开较大距离，训练者的体能水平表现出来的专业性和精准性成为决定比赛胜败的关键因素。专项体能训练注重训练细节的把握，倡导对各运动项目的具体特征和内在属性进行深入研究，力求将专项体能训练与体育项目自身的特征完美整合。合理设计健美操专项体能训练是以充分了解体育项目特征为基本前提的。健美操运动发展迅速，要求人们必须树立全新的训练理念和思路，合理设置训练的内容、强度、节奏和训练负荷，提高训练者在比赛中的专项竞技表现，这些都是提高专项运动训练的理想实施途径。

全面认识专项运动特征是提高体能训练水平的前提，对专项体能训练的高效性起到积极的推动作用。

（3）专项体能训练的策略

专项体能训练策略是指在充分了解某一运动项目特征的基础上，为了实现运动项目的训练目标，结合一定的理论基础制定的实施方案，具体包括训练周期、训练内容、训练方法、训练负荷、训练比例、训练顺序、训练实施、训练评价等方面的内容。专项体能训练策略设计的目的体现在两个方面：其一，为了更快速、更高效地完成专项体能训练的目标，从根本上提高训练者的专项体能水平，用实践的真实成果促进专项体能训练理论体系的逐步完善，使专项体能训练具有更坚实稳固的理论根基；其二，完善的理论策略可以进一步指导实际的训练工作，让实践的脚步沿着理论指出的正确方向稳步前进。

①划分体能训练周期

一般来讲，人们想要实现一个比较大的目标时，首先需要把这个大目标细化成若干个小的目标，并且规划出相应的时间段来具体完成这些小目标，最终达到完成大目标的目的。专项体能训练总目标的设定就是这样一个大目标，为了将其完成，首先要进行的是周期安排与划分的问题。合理的周期安排与划分对体能训练策略的实施能起到宏观调控的作用。训练周期的划分一般都是围绕训练的年度目标进行的，要根据具体的比赛时间将其划分为单周期、双周期、多周期三种类型。不论是哪种类型的分期，都可以根据具体的专项运动比赛特征和训练者体能状态的具体情况而细化为准备期、比赛期、调整期，然后再细化为每个月、周的训练期，最后细化为每日、每次的具体训练时间。

②设置体能训练的内容

顾名思义，体能训练的内容就是"训练什么"的问题。在设置健美操专项体能训练内容时，我们不能仅依据运动项目本身的特征和训练者的体能需求将专项体能训练内容简单地规划为有氧运动能力、无氧运动能力、专项肌肉运动能力，而应充分考虑这些训练内容整合的问题。训练者在完成高强度有氧能力训练时，运动的性质决定了肌肉体积和肌纤维形态与功能会发生相应的改变，肌肉的爆发力和灵敏度有可能因此降低。为了避免这种情况的发生，我们可以在有氧能力训练中穿插短距离的冲刺和间歇性训练，这样既保证了训练的强度，维持了肌肉的爆发力，又达到了有氧专项训练的目的，这需要我们在设置训练内容时必须把运动专项特征的关联性考虑在内，综合处理有氧、无氧、力量训练的关系，将三者有机结合，更好地完成专项训练的内容和目标。

③创新体能训练方法

体能训练方法是指在专项体能训练过程中，为了完成训练目标、提高训练效率、充分提高训练者运动能力水平而采取的相应的、科学的、有效的途径和办法。

专项体能训练是一项复杂而烦琐的工程，具有高度的科学性与技术性要求。为了提升训练者的专项体能，在比赛中取得好成绩，体能训练的设计者必须充分吸纳传统训练方法的精华，摒弃陈规陋习，在不断研究和探索的基础上提炼出更加符合运动项目特征的、行之有效的训练方法。科学有效的训练方法对健美操训练者的专项体能训练具有积极的推进作用。

二、健美操技术能力训练

（一）健美操技术训练的原则

1. 直观性原则

在健美操技术训练中，有很多手段和方法可供选择，但要坚持以直观性原则。

针对初学者，教师最好采用动作演示的方式来教学。当学生掌握了基本技能后，可以引入图解、录像、观看优秀运动员的现场比赛等方法辅助教学。同时，使用形象化的比喻等语言讲解，为学生分析运动员的动作技术，组织学生进行研究讨论，激发学生独立思考，进一步掌握运动的规律性。还可以使用语言描述、做慢动作、演示动作姿态等方式，使学生理解空间方向、肌肉力量等因素。

2. 周期性原则

这一原则指的是根据训练的阶段性和训练内容的周期性，循环进行同一类训练。周期性原则基于竞技状态的客观规律，要求在前一个周期的基础上不断提高，以达到创造最佳成绩的目的。每个训练周期或不同的训练阶段都有特定的任务、内容、负重、手段和方法，它们各自独立，但也互相衔接。

在健美操技术训练中遵循周期性原则，需要考虑主要比赛任务和对象特点，合理规划多年或全年的训练周期。重视训练的连续性和周期的衔接性，新周期的训练要建立在之前训练周期的基础上，确保每两个周期都能够顺畅衔接。着重做好每周的小周期训练，及时进行调整以适应变化。

3. 系统性原则

为了保持和巩固运动技能，以及系统性地积累运动技能，必须开展常年不间断的系统训练，这是训练者获得理想成绩必需的关键训练。系统性原则可以通过长期的系统训练和周期性训练来实现。落实该原则时，应合理确立明晰的目标，将身体训练和技术训练有机结合，合理安排训练周期，逐步增加训练强度和难度。在比赛即将到来之际，需要采取适当的运动量调整措施，以便在赛前达到最佳的竞技状态。

4. 全面训练原则

最佳的训练效果可以通过全面训练和专项训练有机结合来实现。训练者应该注重全面提高身体素质的训练，也就是全面训练，而过于依赖单一的健美操专项训练会影响身体素质的全面发展。将专项训练和全面训练相结合，将身体训练和技术训练相结合，能够长期保持和巩固训练中强化的身体素质，从而进一步提升技术训练成果。

通常而言，在训练之初，训练者需以身体训练为主，获得基础身体素质之后，再不断增加健美操的基本动作专项训练的比重。全面训练可以采用多种多样的手段，最初阶段的全面身体训练可以是田径等活动，随着时间的推移，需要加强与特定技术有关的内容的练习，包括辅助性、诱导性和专业基本功等方面的训练。

5. 区别对待原则

每个人的身体素质和运动技能水平存在差异，因此，在健美操技术训练过程中需要坚持区别对待原则。这是一项重要的训练原则，可激发培训者的内在动力、自觉性和积极性，有助于发掘和培养有潜力的运动员。随着时间的推移，健美操运动已经逐渐演变成单人、混双、四人、六人等不同项目的比赛。多样化的项目对应的是多样化的要求，在训练中，我们需要更加重视区别对待原则。在训练中，要求根据训练者的个人特点，在训练计划和过程中体现出区别对待的原则，也就是有针对性、个性化地定制适合每个训练者的训练任务、内容、手段、方法以及运动负荷，以达到更理想的训练效果。

在竞技运动领域，"全面型"运动员较为稀少。为了有效地提升训练成效，教练员必须深入了解训练者的情况，因材施教，充分发挥其优势，避免其劣势。健美操技术训练也要做到这一点，针对训练者的技术问题，设计强化训练，提高运动技能水平。

6. 合理负荷原则

任何运动训练都要坚持合理负荷原则，确保运动负荷合适，符合个人身体素质和运动项目的发展规律。

根据机体超量恢复理论，一个十分有效的训练方法是，基于具体的训练任务和训练对象，循序渐进地增加运动负担，直至达到训练者的承受极限。就算训练者是身体尚未发展成熟的青少年儿童，只要在严格、合理的设计、安排和医务监督之下，也能够接受这种训练方法，并获得良好的训练效果。对于大负荷量的训练，需使之融入长期的训练计划，同时需要考虑不同运动负荷量的结合和交叉安排，训练强度应该根据适应性的增加逐渐加强，形成一个逐步增长再适应的循环过程。在增加运动量时，尤其需要关注训练者的年龄、性别、身体特征、训练经验、意志力、心态以及是否存在伤病等方面因素。非专业训练通常受到时间和数量方面的限制，必须通过密度和强度的调节控制运动量。其中，对于强度的调节，需要考虑局部负荷的可行性，并且大运动量训练不适合用于技术的精细化训练。

（二）健美操技术训练的内容

1. 安排训练时间

训练时间是决定训练强度的因素之一，对于健美操训练而言，训练时间的安排也要符合人体发展规律，除每次练习的时间外还要关注在一天中的什么时段进行训练效果最好。对于每一堂训练课，要针对不同时段的身体状态合理安排时间，如为了让人的身体快速进入较好的运动状态，就要在训练课正式内容开始之前安排一定时间的热身运动或准备活动。此外，还需要不断探寻自身运动训练的规律，也就是确定训练中快速唤醒身体的活力和在锻炼后感到舒适的时间，并尽量在此时间开展训练。长时间的、规律性的训练后，身体会出现适应性变化，使得各个器官得到充分调动和发展，从而获得最好的锻炼效果。

就具体时间安排而言，在条件允许的情况下，锻炼最好安排在下午3—6时，这个时间段避开了进午餐后的肠胃消化阶段。在进食后的两个小时内，营养物质被消化吸收，并进入血液循环，促进组织细胞的能量代谢。这个时候，人体产生的热量最高，有助于满足运动时能量消耗的需要。此时人的身体处于最佳状态，充满活力，可增加运动量。锻炼后身体需要得到大量的营养和休息，建议在完成训练后等待约30分钟再就餐。体育锻炼时，身体的血液会优先流向运动器官，导致消化系统处于相对缺血和抑制状态。如果在运动后立即进食而没有休息，则会影响食物的充分消化和吸收。

如果想在晚上运动锻炼，应该在睡前 1.5—2.5 个小时结束，这样可以避免运动导致的兴奋难以睡眠。锻炼的强度与时间长短息息相关。刚开始运动时，建议每次运动时长在 45—60 分钟。在进行了两三个月的锻炼后，要留意身体反应，如果身体状态良好，可以适当增加每次的锻炼时长，达到 90 分钟左右。因此，可根据个人情况，将每次锻炼时间控制在 45—90 分钟，建议每周练习三至四次或隔天练习一次，都能达到良好的效果。

2. 安排训练环节

尽管健美操运动不是高对抗、高消耗的运动，但是它对于人的身体素质的全面性有着较高的要求。在健美操技术训练之前，教练员要细心安排好训练中的每一个环节，特别是不要忽视准备部分和结束部分的热身活动与放松活动。

热身运动能够让身体从静止时的抑制状态平和地转变为运动时的兴奋状态，增强心脏功能，改善血液循环和气体交换，提高新陈代谢率，从而快速达到训练时的生理状态，同时做好身心准备迎接即将到来的训练。全面的热身活动能够有效地活动肌肉、韧带和关节，提升神经系统的兴奋性，使整个身体被激活并进入工作状态，从而准备好开展训练中剧烈的身体活动。这样可以提高机体的工作效率，并减少潜在的健康风险，如心悸、气喘、腹痛和身体扭伤等，避免损伤肌肉、韧带和关节。

热身准备活动应当有条不紊，最先开始做深呼吸，从下到上依次活动各个关节和肌肉，确保每个部位都得到适度活动，同时动作要轻松、自然、舒展。需结合天气条件调整热身活动的时间和运动量，一般而言，高温天气下，人的身体代谢较快，能够更快地达到适合的运动状态，因此可以适当缩短热身时间；在低温天气下，人的血液循环缓慢，肌肉、韧带和关节等不易活动开，因此需要更长时间的热身活动。热身运动时间一般占据整个锻炼时间的 20%，并且要让身体发热，轻微出汗，这时身体机能得到全面调动，中枢神经系统的兴奋性提高了，关节的灵活性和肌肉的弹性增加，各器官系统的活动也加强了。当感到肢体和关节活动自如，身体轻盈有力，全身有热感并轻微出汗，意味着已经做好准备，可以开始高强度的运动了。

在训练结束之前，也要做好整理活动，这是完整的健美操技术训练不可缺少的组成部分。整理活动是一种放松肌肉的运动，有节奏地收缩和松弛肌肉，改善血液循环，消除缺氧和代谢产物，能够缓解肌肉痉挛，维持良好的吸氧水平，减少乳酸积聚，缓解疲劳，促进体力恢复，达到放松身心的目的。在训练中肌纤维拉长，肌肉内的微血管也变长、变细，这样会使血管内部的血液受到挤压，进而快速回流至心脏。训练结束直接休息，运动器官停止活动，内脏器官会因为生理惰性无法及时转变自身状态。因此，在一定时间内，心肺系统还持续着紧张的工作，迅速将大量血液输送回心脏。大量的血液会迅速在肌肉中积聚，特别是双腿中，会导致心脏血液输出量突降，血压下降。加之地球引力的影响，血液会从头部急流回心脏，导致头部供血不足，引发脑贫血、头晕，所以训练结束后要进行整理活动再休息。整理活动有以下几点好处：

第一，放松整理运动可使静脉血液平稳、有序、较快地回流到心脏，使心脏较快地恢复到正常工作状态。

第二，放松整理运动可使神经系统和其他内脏器官由紧张的工作状态逐步转入正常状态，从而促进整个身体机能较快地得到恢复。

第三，放松整理运动能加速乳酸的消除，避免肌肉充血、僵硬。如不注意放松，肌肉的收缩能力会下降，弹性会减弱，以致影响力量的提升，妨碍肌肉的增长。

做整理活动时，要注意做全身性的肌肉放松活动，活动量要逐步减慢。活动时要结合深呼吸运动，以加大肺的通气量，提高气体交换，对神经系统也有良好的调节作用。放松整理活动的最佳强度是锻炼强度的50%—60%，这样才有利于循环、呼吸功能保持一定的水平，加速代谢产物的消散。

3. 安排训练步骤

人体结构的改变、运动能力的提高、内脏循环功能的改善都是神经系统对运动系统及其他内脏循环系统反复调节形成的适应性反应。这种适应性不是靠几次锻炼就可以实现的，而是一个相当复杂的协调过程，只有经常坚持、长期积累，才能达到良好的效果。

形体健美操锻炼可以强身健体、健康减肥，人们希望由此获得匀称的身材、优美的体态和优雅的举止，但是，当他们看不出形体或体重有显著变化时，便放弃了锻炼计划。人体是一个完整的机体，在中枢神经系统的指挥下，全身各组织器官之间都有着密切的联系，身体任何局部功能的改善和提高都是协调与共同运动的结果。如果急于求成盲目增加运动量，就会使心脏超出正常负荷的限度而疲劳过度，长此下去，就会损害身体健康。

要想拥有一个健康的身体，不坚持运动是难以实现的，最好的健身方法是坚持有规律、经常性的锻炼。只有采用科学的方法，循序渐进、持之以恒地进行锻炼，才能达到增强体质和健美形体的目的。

（三）健美操技术训练的方法

1.一般训练法

现代健美操技术水平发展很快，科学地进行技术训练，掌握各种运动技能，创造最好的运动成绩，是健美操技术训练的根本任务。健美操技术训练的一般内容有基本动作训练、难度动作训练以及舞蹈动作训练。

（1）基本动作训练

①徒手健美操动作训练

徒手健美操是由身体各部位的各种不同动作组成的单个动作和成套动作。通过徒手健美操的练习，训练者身体各部位可以形成正确的姿态、规范的动作。徒手健美操特有的动作对称性可以使肌肉得到全面发展，训练者可做屈、伸、绕和环绕等运动，上肢还可以做举、振等动作，下肢可做举、踢、蹲、跳、弓步等动作、练习。做这些动作时，可根据需要进行某个部位的专门练习，也可进行全身的综合练习。进行徒手健美操练习，可以练习单个动作，也可编排成套结合音乐进行练习，在课上进行练习时，一般把徒手健美操列为准备活动的内容比较好，这样既能达到提高基本姿态正确性的目的，又可节省课上时间，同时起到活动身体的作用。

②竞技健美操动作训练

竞技健美操的基本动作是配以多种手臂变化和七种基本步伐以及各种跑跳的动作。一套竞技健美操的动作主要由跑跳动作组成。健美操基本动作的练习可以训练肌肉快速紧张放松的用力感觉，强调动作的自然屈伸和弹性及动作的力度。动作的力度是指动作从加速到短暂制动的表现程度，是人体运动时发力的速度变化。动作力度时间是健美操的特点之一，特别是在竞技健美操中，它显得十分重要，是健美操的灵魂。力度是一种比较难以训练的动作感觉，训练者通过一段时间的训练，对动作有了较深的了解之后，才能逐渐地表现出动作的力度。

基本动作的训练方法为原地和行进间的各种基本步伐、姿态跳、分腿跳、交换腿跳等练习，以头部、手臂、躯干动作配合各种跑跳练习，运用有氧操的练习达到活动关节、增加动作素材的目的，以变换动作节奏的形式训练运动员的手型，建立各个不同位置的本体感觉；也可运用各种相近、有特色的舞蹈动作为训练和发展机体局部而配套成各种组合练习，有针对性地选择不同的组合练习，提高识别和运用音乐与动作内涵结合的能力。训练者通过竞技健美操的基本动作的训练，可以提高弹跳能力、腿和脚的灵活性、动作的节奏感以及全身的协调性。它的组合成套练习也是提高耐力素质的有效手段，既练习了动作，又练习了耐力，也不枯燥。

③健身健美操动作训练

健身健美操是竞技健美操的基础。训练者通过健身健美操的练习，可以训练动作的节奏感和韵律感，肌肉紧张、放松的用力感觉，动作的刚柔变化和柔韧性；训练健美操的动作风格，培养健美操意识。健身健美操一般以段落练习为主，也可编排成套音乐进行练习。

（2）难度动作训练

难度动作是指新规则中规定必须做的四类难度动作，各类难度动作水平的训练，应根据训练者的实际技能和所掌握的能力来选择。

在训练健美操难度动作的过程中，可采用相应的分解练习、辅助练习和专项技能练习以及素质练习等手段，使训练者通过一段时间的训练，逐渐建立所学的难度动作的正确概念，达到掌握技能、自如完成动作的最终目的。

（3）舞蹈动作训练

在健美操技术训练中，舞蹈训练起着非常重要的作用，是健美操主要训练手段之一。舞蹈是训练基本功、优美姿势和协调性最有效的手段，还可以训练节奏感、音乐感和培养不同的动作风格以及表现力等。舞蹈训练除了能直接提高训练者的以上技能外，还可以训练肌肉运动感觉，提高艺术修养水平，培养舞蹈和健美操意识。在此基础上，训练者才能把动作表现得更加完美，使健美操具有艺术观赏性。舞蹈的练习形式包括：把杆基本功练习（主要训练腿和脚以及躯干的肌肉运动感觉）、单一舞蹈基本动作练习和组合动作练习（主要训练身体各个关节的灵活性、上下肢配合的协调性、肌肉运动感觉、动作风格和表现力等）、舞蹈基本动作练习。

①把杆基本功练习

在健美操技术训练中，把杆基本功练习能帮助训练者很好地掌握身体平衡，有效地、有重点地训练身体的各个部位，主要是训练躯干、腿、脚的肌肉运动感觉。竞技健美操中的把杆基本功练习不完全等同于芭蕾舞的把杆基本功练习，主要是训练开、绷、直、立以及对身体各部位肌肉的控制和用力等，如借助把杆进行不同方向的踢腿、控腿、弹腿、身体屈伸、移动、波浪、转体等练习。爵士舞、迪斯科等舞蹈的基本动作也可以结合把杆来练习。把杆练习应安排在竞技健美操开始训练阶段，对于初学者或基础较差的训练者或学生，也可多安排这种练习。

②单一舞蹈基本动作练习

单一舞蹈基本动作练习主要包括：芭蕾舞蹈中的 7 个手位和 5 个脚位的练习，以及在此基础上的变化位置。各种手臂基本动作（摆动、绕环和波浪）和身体波浪（躯干波浪、向前或向后的全身波浪和左右的身体波浪）、各种舞步（如变换步、跑跳步、华尔兹和波尔卡等）、各种转体和跳步，这些均是单一舞蹈基本动作练习的内容。转体和跳步都是技巧性很强的动作，可以很好地训练身体的灵活性、协调性以及肌肉的控制力和稳定性。转体和跳步的训练能够提高训练者的技能和技巧。

转体和跳步的种类很多，转体有原地转体、移动转体和空中转体，可以是单脚支撑或者是双脚支撑的转体，还可以是以背、臀、膝为支撑点的转体。转体时，身体可以做各种舞姿造型与练习。转体时，要注意身体的重心位置和转动轴。例如，站立站姿的转体，一般要求以前脚掌为转动轴，身体重心与地面保持垂直，保持身体平衡。

跳步有小跳、大跳加转体的跳步，原地和进行间完成的跳步。跳步根据起跳和落地的方式，可分为双起双落、双起单落、单起双落、单起单落。跳起时，训练者可以在空中做各种身体造型。做跳步练习时，主要注意起跳、空中造型和落地三个环节。在进行转体和跳步练习时，要注意循序渐进、由易到难，注意基本动作的训练。

③组合动作练习

竞技健美操技术训练中更多的是采用舞蹈动作练习，舞蹈组合练习可以综合地训练运动员的灵活性、协调性、节奏感、音乐感、肌肉运动感觉以及表现力，舞蹈组合可以是各种风格的舞蹈。在竞技健美操技术训练中，一般较多地采用爵士舞、迪斯科舞、拉丁舞等，因为它们更接近于健美操。

2. 核心稳定训练法

（1）核心稳定训练法的内涵

核心稳定理论认为，人体在完成技术动作的过程中，骨盆、髋关节和躯干等部位的肌肉"稳定性收缩"可以为四肢肌肉的收缩建立支点，提高四肢肌肉的收缩力量，使不同关节的运动和肌肉收缩整合起来，形成一个符合力学规律的"运动链"。在整个运动过程中，这个"运动链"的中间环节在运动传递过程中起着重要作用。具体表现在：一是决定了人体整体的稳定程度，二是可以提高末端肌肉的发力，三是对运动技术具有稳固的作用，四是起到承上启下的纽带作用，五是可以预防运动的损伤。核心稳定训练涉及整个躯干和骨盆的肌肉，主要作用是对身体重心的控制，所以，该力量训练在很多情况下都是在不稳定条件下进行训练，以此锻炼更多的小肌肉群，特别是关节周的辅助肌群，这样可以培养和提高训练者在运动中稳定关节和控制重心的能力。

根据核心稳定训练的理论并结合健美操技术训练规律以及训练者自身的特点，将核心稳定训练理论应用到健美操技术训练实践中，使核心稳定训练与健美操专项技术特点相结合，将核心稳定训练分为四个层次，即核心稳定训练形式、核心稳定训练内容、核心稳定训练方法和多维化评价形式，这样就形成了健美操技术训练模式。

核心稳定训练形式包括理论与实践相结合、示范与指导相结合、教练员与训练者相结合、单独练习与配合练习相结合。核心稳定训练可以使学生充分认识到健美操技术动作中提高身体控制性和平衡性的作用，使学生从不了解到很了解健美操基础知识和动作技术。在训练中，要求学生独自练习和数人配合练习，教师在运动训练过程中给予必要的指导和讲解，在这种频繁的"信息"传递与反馈中，学生熟练地掌握健美操基本技术。

核心稳定训练内容包括克服自重训练、不稳定器械训练及综合器械训练。克服自重训练是核心稳定训练最基础的练习手段，可以使学生深刻地体会到核心肌群的发力和有效的控制身体，这一训练可以提高学生的腰腹力量；不稳定器械训练可以有效地动员人体核心区域的深层肌肉参与运动，并在运动训练的过程中控制躯干保持正确的运动姿态，这一训练可以提高学生的平衡控制及感知觉的能力；综合器械训练一般适用于核心肌群能力在中级以上水平的训练者。

核心稳定训练方法包括个案性训练、时效性训练和针对性训练。个案性训练是指教师根据学生个体特点选择训练方案并介绍动作的示范面和示范点，语言提示和非语言提示相结合；时效性训练是指在训练中发挥学生的积极能动性，提高训练效率，加速身体控制性的形成；针对性训练是指针对男女学生的身体特点、肌肉类型等，有针对性地设计特定动作进行训练，提高训练效率。

多维化评价形式包括身体成分评价、身体平衡控制评价和力量素质评价三种。对身体成分的研究主要是研究人的体脂（BF）和去脂体重（瘦体重LBM）的构成及其对运动能力的影响。健美操运动员在不稳定状态下进行的动态的核心稳定肌的本体感觉性的训练，各种感觉能力的发展是其运动技能形成的重要原因，他们具有较高的肌肉运动控制和平衡的差别感受性，这些特质可促进其动作技能的掌握，形成正确的用力感觉，并加快对各种感觉的适应能力，最大限度地发挥人体知觉选择的功能作用，对健美操训练者身体平衡控制的评价是非常重要的。核心稳定训练属于力量训练，但力量训练不一定属于核心稳定训练，二者之间的主要区别在于核心稳定训练是在非稳定状态下动用大脑、神经肌肉等的感受性刺激。因此，在进行评价时，应用力量素质来评价训练前后训练者核心力量有无差距，差距是否明显。

（2）核心稳定训练法的实际应用

根据竞技健美操的竞赛规则及技术特点，核心稳定训练主要针对学生的躯干力量以及身体平衡控制能力进行训练。其实施过程可分为以下三个部分：

①初级克服自重训练

初级克服自重训练的主要练习动作为：卷卧、腿绕环、骨盆桥、侧支撑、仰卧举腿、脊柱扭动、双腿伸展、单腿拉伸、侧踢、掌上压等。

初级克服自重训练的具体实施方案为：此阶段为核心稳定训练的初级阶段，此阶段训练的动作、强度所有学生应一致；第一周每组动作训练时间为20秒×

3 次，第二周训练时间为 40 秒 × 3 次，通过一段时间的训练，最后两周训练时间可以持续在 60 秒 × 3 次。动作难度提升如达到规定的支撑时间目标，可再进一步加大动作难度。动力性动作训练分别为 12 次 / 组、15 次 / 组、20 次 / 组。组与组之间的间隔时间为 30 秒；坚持 4 周训练，每周训练 3 次；可根据学生的个人训练情况，有针对性地调整个别训练计划。

②中级不稳定器械训练

中级不稳定器械训练的主要练习动作：背肌伸展、背肌练习、稳定蹲坐、膝俯卧起坐、提臀起坐、滚球、拱形仰卧、跪球、屈体仰卧举球等。

中级不稳定器械训练的具体实施方案为：此训练阶段为核心稳定训练的中级阶段，之前学生都经历过初级阶段的训练，此训练阶段训练动作、强度应男女学生一致（个别除外）；每组动作初始训练时间为 20 秒 × 3 次，静力性动作初始训练为 15 次 / 组，通过一段时间的训练后，加大训练难度和训练时间，组与组之间的间隔时间为 30 秒；坚持 4 周训练，每周训练 3 次；可根据学生的个人训练情况，有针对性地调整个别训练计划。

③高级综合器械训练

高级综合器械训练的主要练习动作为：跪球前举侧举、平台俯卧撑、两点支撑划船、坐式下沉、弓步后腿撑球、双手举哑铃蹲起、仰卧举球等。

高级综合器械训练的具体实施方案为：此训练阶段为核心稳定训练的高级阶段，动作难度、强度应男女同学区别对待，根据学生自身特点进行调整；以小负荷、多次数训练为训练原则，初始静力性训练时间为 30 秒 × 3 次，动力性训练中每组重复动作一般不超过 20 次。随着学生运动能力的提升，可采用加大难度的方法，以适应训练的要求，逐渐延长时间或练习次数。组与组之间的间隔时间为 30 秒；坚持 4 周训练，每周训练 3 次；可根据学生的个人训练情况，有针对性地调整个别训练计划。

3. 表象训练法

表象训练法是指以动作表象为基本内容，在肢体语言的指导下，通过对学生进行相关的表象训练，让学生在头脑中不断地回顾、想象和修正，不断地更新和创造自己的健美操动作，从而有意识地形成系统的动作，进而提高自己动作技能的教学与训练方法。

健美操运动是一项复杂而优美的运动项目，它不仅要求练习者具有良好的身体素质，而且要求练习者有良好的心理素质，这就为表象训练与健美操运动技术相结合提供了依据。表象训练法是一种能建立自动理想反应的学习方法，可以提高学生的动机水平，加速动作技能的形成和巩固，从而获得与实际训练效果相同的生理变化反馈信息，比较适合于复杂运动项目的训练。建立正确而清晰的技术动作图像对学生运动技能的形成具有重要作用，要做到这一点，必须有足够的刺激量和刺激时间。运用表象训练对建立在大脑中的反应动作进行描述，使正确的技术动作得到强化，加深大脑中的印象，有利于正确技术动作的形成。在表象训练的过程中应注意的问题是，教师要指导学生尽量在较安静、封闭的场地进行，学生要全身放松，跟随教师进行训练，训练前学生应确定最正确的具体动作，注意力保持高度集中，回忆技术动作的基本方法和要领；表象训练法的运用应因人施教、区别对待；训练中还要不断地进行言语暗示，加强训练的效果。

视觉表象是一种心理工具，有助于学生为开展训练做好准备。积极的思想与行动之间存在紧密联系，能够引导人们采取积极的措施。视觉表象一方面有助于训练者增强自信、设计策略和领会战术；另一方面，能够将视觉、情绪、能量和行为相互联系起来。学生运动技术水平的提高对视觉表象操作能力的改善具有明显的作用，视觉表象操作水平会随着运动技术水平的提高而提高。健美操技术训练的内容要比日常活动的动作复杂得多，这在客观上要求学生对视觉表象的操作能力进行积极而长期的训练，以适应学习活动的需要。运动技能学习活动对学生的视觉表象的发展具有积极的影响，检测视觉表象操作水平，可以更好地评价学生的运动技能状况。

健美操的学习是一个完整的认知过程，包括运动知觉、表象以及对运动概念的理解。一般而言，表象训练的一般认知指的是借助训练、认知、理解和掌握比赛相关的策略，实践不同的比赛方案形成丰富的经验，从而在真实比赛中能够掌握应用这些方案。自信是通过后天的训练获得的，表象训练能够帮助学生掌握和巩固运动技能，同时使学生获得正确的结果导向，还能够帮助学生建立自信，调节心理状态以及应对紧张和焦虑。

三、健美操战术能力训练

战术能力在健美操中体现在成套动作的编排上，是"新"的内在支撑因素之一，具体表现在以下两个方面：一是动作的创新选用，二是难度动作的位序编排。根据训练者的竞技水平和个人特点，对难度动作和过渡连接进行创新编排，往往可以起到出奇制胜的作用。难度动作在成套中的位序对于制胜来说是至关重要的，难度动作的位序要与训练者的体能相协调，在比赛中一般将高分值、易失误的难度动作放在体能充沛的前半套，将完成质量高的难度动作放在体能下降的后半套，确保难度动作的成功率。在比赛中，根据训练者的出场顺序，也可做难度动作的战术调整，若出场比较早，则应选择最高规格的难度动作，不仅可以建立分数优势，还能带给后出场的训练者一定的心理压力；若出场较晚，可根据已出场训练者的发挥情况，增加或者降低自己的难度系数。

四、健美操心理承受能力训练

除了加强专业技能外，健美操训练者还需要不断提升心理能力，以实现综合能力的全面提升，取得优异成绩。随着体育的发展，健美操的理论研究和技能训练不断改进和提升。若想持续提升竞技能力，必须进行科学的训练。心理因素是训练者在比赛中能否正常发挥的重要影响因素之一，有必要针对此进行心理承受能力训练，并且专业训练和心理训练要相互关联。本书通过多种研究方法，对健美操训练过程中心理素质的影响因素做出分析，并提出多种心理训练方法。为了提高健美操训练者的心理素质，我们可以在训练中采取多样化的心理训练方法。科学合理的心理训练有助于训练者在训练以及比赛过程中保持稳定的竞技水平，甚至超常发挥，不仅可以提升训练的有效性，还能更好地发掘更出色的健美操训练者，帮助他们取得更佳的比赛成绩。

（一）影响竞技健美操训练者心理素质的因素

1. 自身因素

（1）性格因素

每个人都有自己独特的性格，会对心理承受能力造成或多或少的影响。很多经验丰富的教练员都提出，有些训练者性格开朗，尽管在日常训练中往往有些粗心，但他们的赛前紧张情绪比较少。还有一些训练者性格比较内向，倾向于自我施压，因此在日常的训练过程中也会承受相当大的心理压力，并且难以将这种压力释放出来，情况长期持续下去，就会导致严重的心理问题，也会对比赛成绩产生不良影响。

（2）血液气质类型因素

心理素质在训练中以及健美操训练者的未来发展中起着至关重要的作用。相比于心理脆弱的人，坚强积极的人往往可以轻松地获得成功。心理学的研究表明，训练者的性格、思维方式、情绪管理能力、意志力等因素会对其训练成果产生重要影响，甚至会左右训练者的未来发展。人的血液气质受到先天遗传因素影响，会影响人们对事情的态度和应对方式。不同的血液气质有各自的优缺点，训练者需要深刻了解自己的血液气质，从而发挥所长、补齐短板，并将负面心理转化为正面心理因素。

竞技健美操的训练成果也会受到血液气质类型的影响，这种影响尤其体现在心理方面。多血质型个性冷静，能够从容地面对各种情况，进行独立思考。黏液质型看似没有心理问题，但在实际比赛中却经常因心理因素而失败。胆汁质型不会掩饰情绪，会直接表现在脸上，尽管宣泄了不良情绪，但会或多或少地对成绩造成影响。抑郁质型在面对严峻挑战时往往容易产生严重的心理问题。

（3）比赛经验

训练者的比赛经验对于其心理和成绩有着很大影响。一般来说，训练者参与竞赛的次数越多，比赛经验越丰富，其在竞赛场上的技术发挥水平和应变能力也会不断提高，能够更好地筹备比赛，全身心地投入其中并力求取得更好的成绩；反过来，缺乏赛场经验的训练者，往往更容易在比赛前感到紧张，难以及时适应比赛情况，出现失误，表明心理素质控制能力较差。

（4）个人技能

对于训练者的心理状况，个人技能也是非常重要的因素，拥有高超的个人技能可以极大地增强自信心，即使面对强大的对手，也能保持镇定从容，并且能够快速适应挑战，发挥更高的临场竞技能力水平。

在重要比赛中，教练员和运动员很容易感到压力，产生很大的情绪波动。同时，他们身上的使命感和对集体荣誉的重视会增加心理压力，太多的心理负担会使他们的心理状态变得脆弱，而这会导致竞赛表现不理想，加深心理裂痕。因此，在日常训练中进行心理训练非常关键。

2. 其他因素

（1）环境因素

环境因素对训练者的影响主要表现在比赛期间，尤其在竞技项目中，训练者会提前到达比赛场地，但通常没有足够的时间去适应当地的气候环境和赛场的环境。气候、温差、湿度的不同以及场地的不同都会影响训练者的心理状态，甚至会让他们觉得身体不适，对他们的成绩产生负面影响。

（2）赛场因素

即使是同一场比赛，场馆、竞技板等都会因为天气条件的变化而出现微妙的不同。训练者应当积极在试用场地期间熟悉和适应场地，调整心理状态，适当训练。对于那些难以快速适应赛场的训练者而言，会遭受巨大的心理压力。

（3）赛前不可预测因素

比赛前会存在很多不可预测、难以控制的因素。比如，有些训练者因为过度兴奋和紧张在比赛前一天难以入眠，进而在比赛当天难以进入最佳状态。每个训练者参加竞技比赛都会追求最好的成绩，会遇到实力相近或者更强的对手，部分训练者会感到压力倍增，一心希望赢过对手，而忽略了比赛真正的意义在于超越自我。此时，应该秉持超越自我的理念，比赛是为了挑战自己、超越自己、不断进步，而不只是为了击败对手，压力过大反而会增加失误的概率，必须加强心理调适，全神贯注地完成自己的一系列动作。也有部分训练者将击败对手获得奖牌视为真正的胜利，这种观念会给训练者带来较大的心理压力，并导致他们在训练和比赛过程中出现心理问题。比赛心理状态直接影响训练者动作的完整性、难度完成情况以及感染力和艺术性。裁判和观众能够直观地感受到训练者的表现和心态变化。只有在训练和比赛过程中始终从容应对任何情况，训练者才能够征服观众、超越自我。只有这样，才能在每一次比赛中获得更好的成绩，不断进步，达到良好的运动表现。

（二）通过心理训练提高训练者竞技水平的对策

1. 自我心理调整

训练者在日常训练的过程中进行科学的心理素质训练，可以有效地锻炼心理承受能力，在训练、赛前、比赛中及赛后都保持良好的心理状态，取得更好的运动成绩。训练者进行心理调整要做到：

首先，训练者要明确训练目的，不断给自己定目标，并且为实现目标而不断努力，配合教练，积极主动地完成训练任务。其次，要不断增强自己对健美操的热爱，向更高水平的训练者学习，发现自己训练中的短板并积极克服。最后，竞技健美操项目不仅是单人比赛，更是团队合作，无论是训练、赛前还是比赛中、赛后，遇到困难或心情低落时，都不能长时间沉溺其中，而要转变思考方式，主动进行心理训练，纾解压力，尽快从低谷中走出，这样不仅自身进步较快，也对团队起到积极作用，最终会离目标越来越近。

2.心理训练调整

心理训练通常来说是通过有意识、有目的的行为对训练者的心理特征施加影响的过程。在竞技健美操训练者的训练中，心理训练调整要在不同情境下完成。对竞技健美操训练者进行的心理调整，大致可分为一般心理训练和赛前心理训练。

一般心理训练指的是在日常的健美操运动训练中，对健美操训练者所开展的有针对性的心理训练及指导。在一般心理训练的过程中主要有以下几个重要的环节：第一，要培养训练者对健美操运动的兴趣和热爱，真正喜欢上这项运动才能最大限度地激发训练者的潜能；第二，在常规训练中要不断对训练者进行表象教学，让训练者具有良好的审美及模仿能力，建立该项目"健、力、美"特点，提升训练者练习的动机和确保其正确方向；第三，在训练中还要注重培养训练者的意志力，不断突破自我，特别是竞技类项目训练者，不论是在平时还是在比赛中，都需要具备超强的忍耐力和意志力，这种坚忍的意志品质的培养可以使竞技训练者走得更远。因此，开展心理训练最为关键的是注重竞技健美操训练者的意志品质的培养。

赛前心理训练指的是健美操训练者在赛前为了确保正常发挥并取得良好的成绩所开展的心理训练。赛前心理训练在日常训练中要不断进行，一般来说，教练员针对训练者的赛前心理训练要注意以下几点：

首先，要让训练者第一时间了解比赛的具体时间安排。其次，要在相应时间段不断进行模拟比赛和训练，进行实战演练，合理安排适当的模拟训练能有效地提高训练者的适应能力、临场发挥能力及应变能力，从而让训练者在比赛中更加自信。再次，在条件允许的情况下，可以邀请专业裁判或相关指导人员进行评判。竞技健美操是人为打分，虽然根据规则评判，但每个裁判的尺度和标准略有差异，特别是艺术分和完成分，针对这个问题，教练员和随队心理指导必须做到提前训练者的心理引导，让其正确看待，表现出自己的实力即可。最后，在比赛前和比赛过程中，还要不断了解对手的情况，做到知己知彼、百战不殆，做好准备。

3. 心理训练方式方法的更新

竞技健美操的心理训练方式需要不停地更新才能适应训练者。科学的训练方法必须把训练者的心理素质训练和身体素质训练结合起来。进行心理训练要能够保障训练者的身体素质，提高技术技能，心理训练是为了让训练者更积极地参与训练及比赛，发掘训练者的潜力，从而取得更好的成绩。有些训练者平时训练比较积极，但在比赛中心理状态会产生变化，导致晕场、动作失误，发挥不出自己平时的训练水平，对他们进行心理训练必不可少。训练者的心理承受能力强，情绪波动较小，能控制自己的心态，比赛成绩就会更好，以后的训练也会更好，形成良性循环。

4. 加强训练者心理素质的练习

心理素质强的训练者，能够正确认识自己和对手，不受外界干扰和影响，能够控制和改变自己心理的变化和波动，不让外界的因素干扰自己的训练和发挥，能够控制自己的情绪及行为；在训练中具备坚忍、顽强、不怕吃苦、不断突破自己等优良意志品质，在赛前积极调整心态，积极备赛，在比赛中主动配合教练员，了解对手，适应场地；在比赛中从容面对失误，不影响后面的发挥，充分感染裁判员，展现自己真实的训练成绩，赛后不断从比赛中吸取经验，主动调整，为下一次机会来临做准备，实现自己的目标，成为一名优秀的运动员。

竞技健美操成套强度大，训练者具备良好的训练及比赛的心理素质，才能与搭档更好地配合，正常发挥以及完成团队任务，才能使成套动作具有非常强的感染力。心理状态会直接影响训练者比赛时的表现和发挥。在赛场上会出现很多意想不到的情况，如同伴动作失误、场地出现状况、音乐播放错误、裁判出乎意料的评分等心理刺激，在这些情况下，如果训练者平时训练出强大的心理素质，训练有素、情绪把控好，就能投入到比赛中；相反，训练者心理承受能力差，就容易产生紧张等情绪，会严重影响成套动作的发挥，甚至使技术动作变形，严重影响比赛成绩。

五、健美操运动智能训练

运动智能是智能的一种表现形式，是训练者以一般智能为基础，运用包括体育运动理论在内的多学科知识参加运动训练和运动比赛的能力。从运动智能的概念来分析，人们运动训练和比赛的过程中每时每刻都渗透着运动智能的身影。由此可见，运动智能在运动训练和竞技运动比赛中发挥着特殊作用，在平时的训练和比赛中，应着重加强训练者运动智能方面的培养。

健美操需要学生在成套动作中表现出出色的力量，好的身体协调能力、足够的平衡能力、难度动作足够稳定等都是学生在竞技健美操中必不可少的素质。学生在实际练习中需要不断训练，从而加强自身的身体灵活性和熟练掌握各种有难度的动作。

学习复杂动作较快的训练者具有较好的运动智能，而且在成套动作展示时能充分展示美感；运动智能较差的训练者在学习动作、掌握动作、完成复杂动作时要慢很多，有的动作呆板、别扭，毫无美感，有的甚至学不会。在健美操比赛中，我们常常看到直升飞机成文森、转身360°屈体分腿跳成俯撑、转体180°团身跳成俯撑等高难度动作，在身体素质差不多的情况下，有的训练者做出来就让人赏心悦目，有的人做出来的动作却单调乏味，其实这与人的身体智能有很大关系。

另外，在比赛或考试中由于心理太紧张，有可能出现跌倒或者失误的动作。训练者处理这种紧急情况时，需要有良好的运动智能。良好的运动智能对比赛中的突发情况适应性相对更强，处理起来更从容。

第三章 健身健美操与竞技健美操的教学训练

　　本章为健身健美操与竞技健美操的教学训练，分别介绍七个方面的内容，依次是健身健美操理论分析、健身健美操动作教学、健身健美操的创新发展、竞技健美操理论分析、竞技健美操动作教学、竞技健美操表现力教学、竞技健美操的创新发展。

第一节　健身健美操理论分析

一、健身健美操的概念

健身健美操也被称为"大众健美操"，是一种任何年龄段都可以学习的集健身、娱乐、防病为一体的普及性健身运动。健身健美操的主要目的是健身，力求通过掌握健身练习的基本方法，在欢快轻松的运动过程中陶冶情操、锻炼身体、增强体质，促进身心全面发展。健身健美操最主要的运动功能和价值就是健身。在学校基础性健美操课程教学和健身房、俱乐部等的健身课程教学中，健身健美操都是主要的课程教学内容。

健身健美操的动作简单，实用性强，音乐可控，对于运动者来说，健身健美操的动作多为不同类型的基本健美操动作的组合，动作多有重复，运动者可以结合自身情况进行动作的灵活搭配，并且能保证一定的运动负荷和锻炼的全面性。这就使得整个健身健美操的参与过程可根据个人情况及时变化，健身过程既安全可控，又具有针对性，能满足运动者的实际健身需要。

二、健身健美操的特点

（一）健身性

健身健美操是专门为满足人的健身需求而创设的体育运动项目。健身健美操是一项全身性体育运动，它强调全面发展身体，专门针对人体健身设计，通过参与健身健美操学习与训练，运动者的头部、躯干、上下肢及身体各关节都能得到锻炼。

就健身健美操的动作来说，动作及其组合、套路的学练以有氧运动为主，通过完成这些健美操动作，可以提高运动者体内氧气的利用率，促进糖原和脂肪的燃烧，加速新陈代谢，提升身体机能，增强心血管系统的血氧输送效率。长期坚持练习健美操，能有效提高人体心血管系统、呼吸系统以及运动系统的功能，使运动者的心脏更健康、更发达，进而达到增进生理健康的目的。

需要特别指出的是，健身健美操的健身特点还兼具健身实效性。具体来说，健身健美操动作方便易学，运动健身的时间、运动量、运动强度等都可控，无论男女老少，各种类型的人群都非常适合进行学练，且健身实效性好。

此外，在健身健美操运动锻炼过程中，健身音乐环境、群体健身环境轻松愉悦，有助于放松身心。

（二）健美性

健身健美操动作优美，能提高运动者的审美，并有助于运动者的自我不良体姿和身体形态的纠正，使身体保持良好的审美形态。

此外，健身健美操练习还具有良好的塑造形体的效果，长期学练，可使运动者消除体内的多余脂肪，也能使瘦弱的人骨骼粗壮，肌纤维增粗，使身体更加匀称、健美。

（三）娱乐性

娱乐性是健美操运动的一个重要特点，在健身健美操运动中表现得十分明显。具体来说，与竞技健美操运动相比，健身健美操运动的音乐选配更加欢快，在轻松愉快的健身健美操的音乐伴奏下进行的练习动作优美，具有良好的娱乐性。通过健身健美操的学练，运动者能在健身的同时放松身心。

健身健美操的娱乐性还表现在其不仅可以作为一种健身形式，也可以作为一种活动融入运动者的日常生活中去。例如，对于健美操运动爱好者来说，即便不进行系统的健身健美操学练，也可以在业余时间选择一些包含较多的伸展性动作的健身健美操动作来活动、放松身心，还可以和同学、朋友等边聊天边练习，是一种集锻炼与休闲于一体的健身娱乐方式。

（四）艺术性

健身健美操具有美的艺术特性，正是这种健与美结合的艺术形式，使得健身健美操深受欢迎。

首先，从表现形式上看，在健身健美操学练过程中，运动者在节奏鲜明的音乐伴奏下，时而舒展肢体，时而扭动腰胯，可以充分展示健美的体魄，表现高超的技术，舞动流畅的韵律，显露充沛的体力。

其次，从表现内容上看，无论是健身健美操的动作，还是健身健美操的音乐，都具有一定的美的要求，不符合审美的健身健美操动作和音乐的创编，必然是失败的。健身健美操的动作、音乐及这两者之间的配合都具有一定的审美和艺术性要求，不能随意组合搭配。

（五）普及性

健身健美操具有良好的普及性，这个特点是由健身健美操的健身、健美、娱乐、艺术性特点共同决定的。

健身健美操的广泛普及性不仅体现在学校健美操课程中对不同年龄、性别的学生的适应，还表现在对整个社会大众群体的广泛适应。

在健身健美操学练过程中，运动者参与健身健美操锻炼不受场地、环境、气候等条件限制，也不受年龄层次、性别、身体素质、体育基础水平等限制。可以说，无论男女老少，都可以参与健身健美操运动锻炼；无论何人，都能从健美操练习中找到适合自己的内容和方法，都能从健美操练习中得到乐趣、有所受益。

（六）安全性

健身健美操的安全性主要体现在以下两个方面：

就健身健美操动作来说，健身健美操强调动作的随意、自然，对于初学者来说，非常容易学习和掌握，而且在技术动作难度上也不会有太难、动作幅度太大的技术动作，就运动安全性来说，是十分安全的一种有氧运动。

从运动负荷的角度来看，健身健美操最复杂的成套的动作练习几十分钟可以完成。在日常健身过程中，健身健美操可以分节进行练习，练习的间隙，可以穿插积极性休息、游戏等，运动量和运动强度均可调节。健身健美操的动作学练负荷适合一般人的体质，甚至体质较弱的人都能承受，而且运动负荷还能进一步的灵活、有针对性地调节，能最大限度地在运动负荷和运动量上确保运动安全。

第二节　健身健美操动作教学

一、健身健美操基本动作教学

健身健美操基本动作是初学者必须首先学习和掌握的教学内容，对健美操各部位身体动作的练习，可以培养学生正确的健美操基本动作形态，为健美操组合动作的学练奠定动作、体能和身体协调性基础。

（一）健身健美操基本手型

健身健美操的基本手型动作主要有如下几种手型动作姿态，如图 3-2-1 所示：

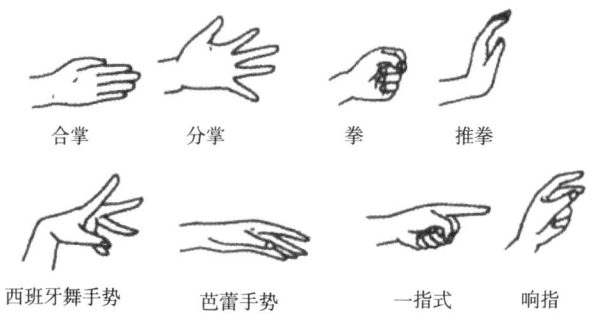

| 合掌 | 分掌 | 拳 | 推拳 |

| 西班牙舞手势 | 芭蕾手势 | 一指式 | 响指 |

图 3-2-1　健身健美操基本手型动作

第一，合掌。五指并拢伸直。

第二，分掌。五指分开，手腕紧张。

第三，拳。五指紧握，大拇指压握食指。

第四，推掌。手掌上翘，五指弯曲。

第五，西班牙舞手势。拇指内扣，小指、无名指、中指自掌指关节处依次弯曲。

第六，芭蕾手势。拇指内扣，后三指并拢。

第七，一指式。握拳，食指或拇指伸直。

第八，响指。拇指与中指摩擦与食指打响。

（二）健身健美操头颈部动作

健身健美操的头颈部动作主要是配合运动者的其他动作进行的，由于人体的头颈部活动范围较小，相应的健美操动作变化不多，主要有以下三种：

1. 屈

身体正直，头部向前、后、左、右四个方向分别做颈部关节弯曲的运动，动作表现为颈前屈、颈后屈、颈左侧屈、颈右侧屈（图3-2-2）。

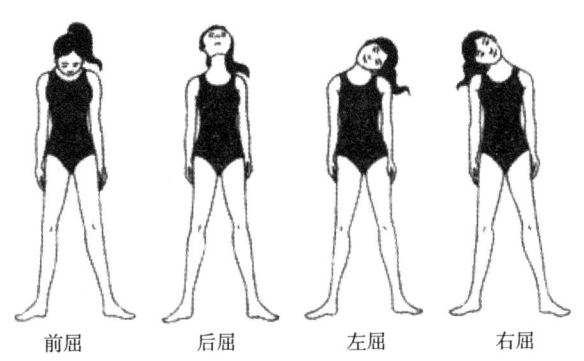

前屈　　　　后屈　　　　左屈　　　　右屈

图 3-2-2　颈部关节弯曲的运动

2. 转

头正直，下颌平稳左右转动90°（图3-2-3）。

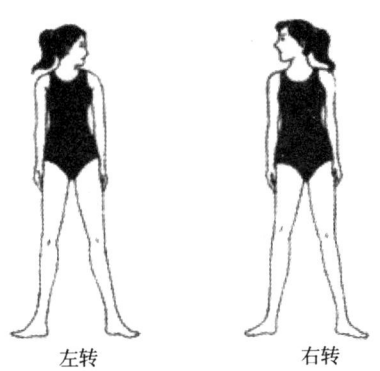

左转　　　　　　右转

图 3-2-3　左右转头

3. 环绕

头正直，头颈部沿身体垂直轴向左、右转动360°，或沿身体垂直轴向左或右环绕。

（三）健身健美操的肢体动作

1. 上肢动作

（1）举

两脚开立，上体正直，以肩为轴，手臂向各个方向移动并固定，动作表现为前举、后举、侧举、侧上举、侧下举、上举等（图3-2-4）。

前举　　后举　　侧举　　侧上举　　侧下举　　上举

图 3-2-4　举的动作

（2）屈

两脚开立，上体正直，肘关节由曲到直或由直到曲，如胸前平屈、肩侧屈、肩侧上屈、肩侧下屈、胸前上屈、头后屈（图3-2-5）。

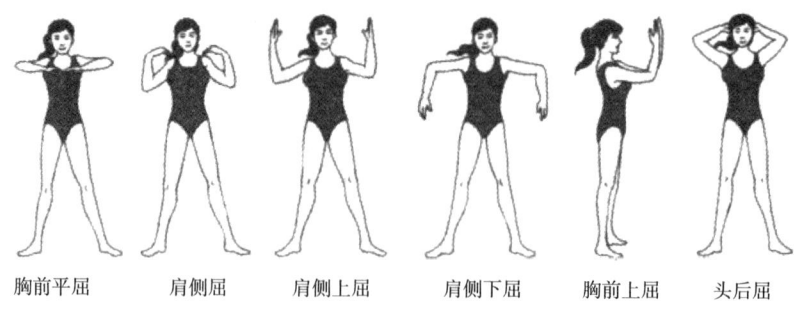

胸前平屈　　肩侧屈　　肩侧上屈　　肩侧下屈　　胸前上屈　　头后屈

图 3-2-5　屈的动作

（3）绕、绕环

两脚开立，上体正直，两臂或单臂以肩为轴弧线向内、外、前、后绕或绕环（图3-2-6）。

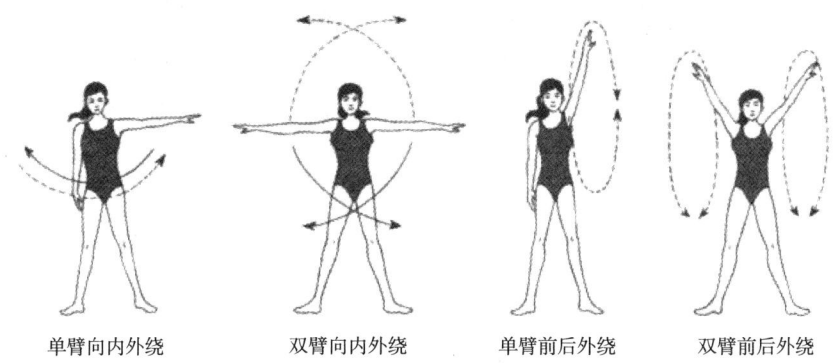

单臂向内外绕　　双臂向内外绕　　单臂前后外绕　　双臂前后外绕

图 3-2-6　绕、绕环的动作

2. 下肢动作

（1）立

①直立、开立

两脚开立，上体正直，双手叉腰，抬头挺胸；双腿打开，脚间距同肩宽（图
3-2-7）。

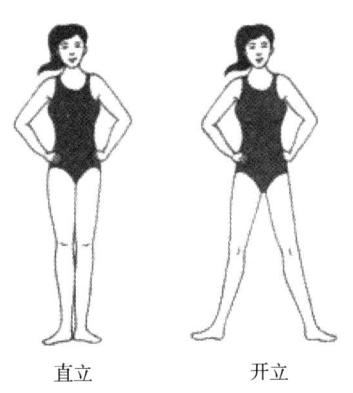

直立　　　　　　开立

图 3-2-7　直立、开立

②点立

自然站立，先直立，双手叉腰，伸出一条腿做点立或双腿提踵立，包括侧点
立、前点立、后点立、提踵立等动作（图 3-2-8）。

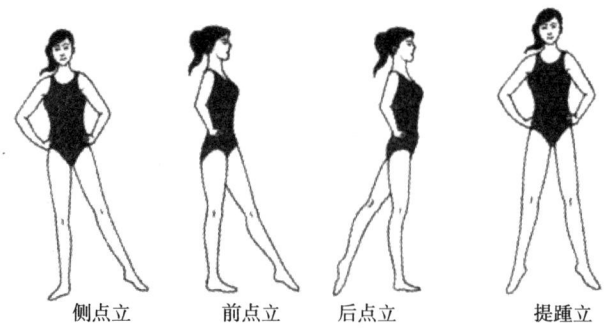

側点立　　　　前点立　　　　后点立　　　　提踵立

图 3-2-8　点立

（2）弓步

自然站立，双手叉腰，大步迈出一腿，做前、侧、后屈的动作（图 3-2-9）。

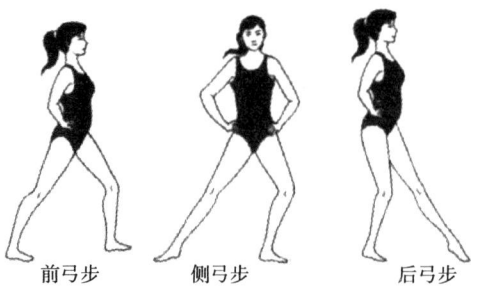

前弓步　　　　侧弓步　　　　后弓步

图 3-2-9　弓步

（3）踢

自然站立，双手叉腰，腿向各个方向摆踢，如前踢、侧踢、后踢（图 3-2-10）。

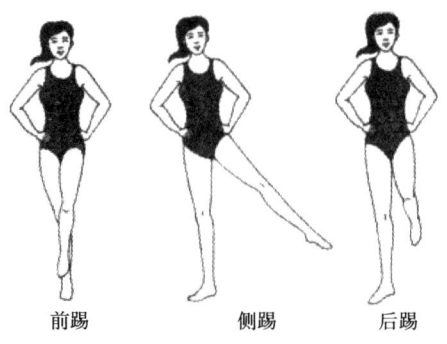

前踢　　　　侧踢　　　　后踢

图 3-2-10　踢

（4）弹

自然站立，双手叉腰，双腿做正向、侧向的弹动动作（图 3-2-11）。

正弹腿　　　　　　　　　侧弹腿

图 3-2-11　弹

（5）跳

自然站立，双手叉腰，做各种姿势的腿部跳动，如并腿跳、开并腿跳、踢腿跳等（图 3-2-12）。

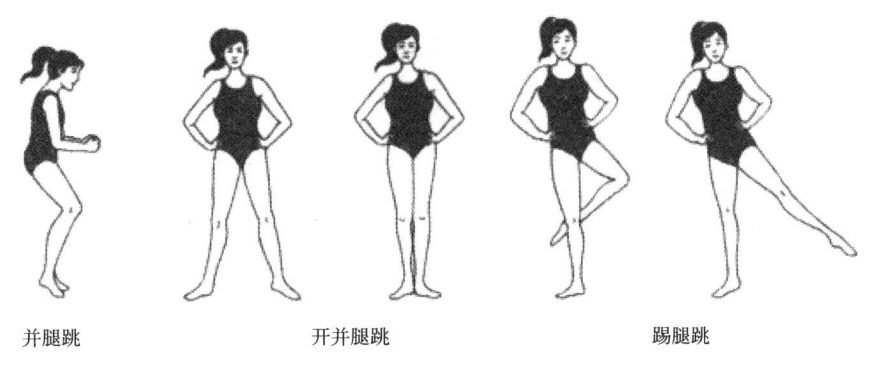

并腿跳　　　　　　　开并腿跳　　　　　　　踢腿跳

图 3-2-12　跳

（四）健身健美操的躯干动作

1. 肩部动作

（1）提肩

两脚开立，上体正直，肩部沿身体垂直轴尽量上提（图 3-2-13）。

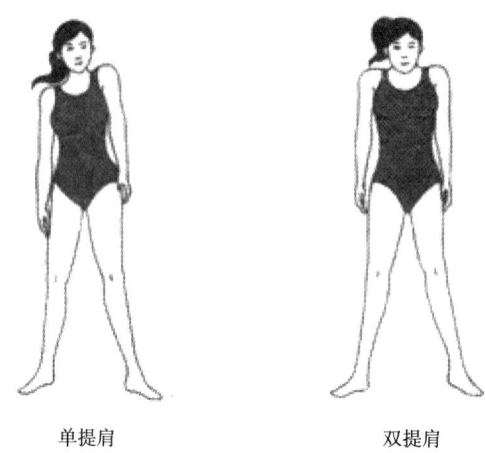

单提肩   双提肩

图 3-2-13 提肩

（2）沉肩

两脚开立，上体正直，肩部（双肩）沿身体垂直轴向下沉落（图 3-2-14）。

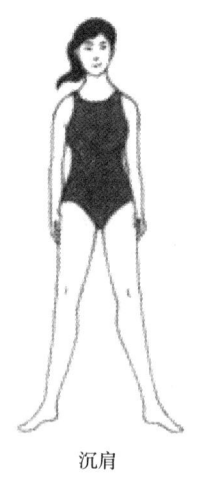

沉肩

图 3-2-14 沉肩

（3）绕肩

自然开立，上体正直，肩部（单肩或双肩）沿身体前、后、上、下四个方向绕动（图 3-2-15）。

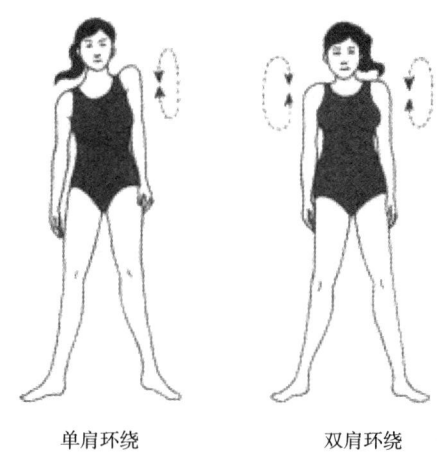

单肩环绕   双肩环绕

图 3-2-15　绕肩

2. 胸部动作

（1）含胸、挺胸

含胸时，低头、收腹、收肩，身体放松但不松懈，形成背弓；挺胸时，抬头，挺胸，展肩，身体紧张但不僵硬（图 3-2-16）。

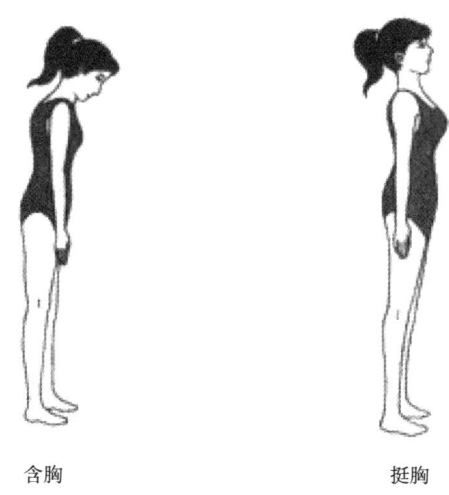

含胸   挺胸

图 3-2-16　含胸、挺胸

（2）移胸

髋部固定，以腰腹发力，带动并跟随胸部左右移动。

3.腰部动作

（1）屈

两脚开立，腰部伸展，向前或向侧做拉伸运动，如前屈、后屈、左侧屈、右侧屈（图 3-2-17）。

前屈　　　　　后屈　　　　　左侧屈　　　　　右侧屈

图 3-2-17　屈

（2）转

两脚开立，身体保持紧张，结合迈步移动重心，腰部带动身体沿垂直轴左右转动（图 3-2-18）。

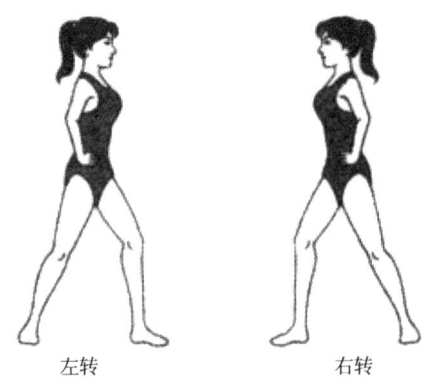

左转　　　　　右转

图 3-2-18　转

（3）绕和环绕

两脚开立，与手臂动作相结合，腰部做弧线或圆周运动（图 3-2-19）。

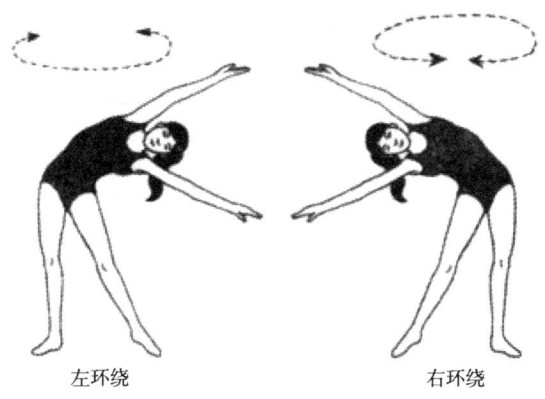

左环绕　　　　　　　　　右环绕

图 3-2-19　绕和环绕

4. 髋部动作

（1）顶髋

两腿开立，一腿伸直支撑、另一腿屈膝内扣，上体正直，双手叉腰，向前后左右方向顶髋（图 3-2-20）。

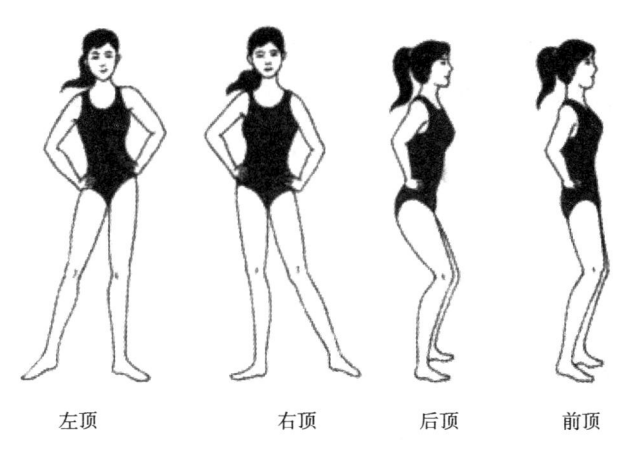

左顶　　　　　　右顶　　　　　后顶　　　　　前顶

图 3-2-20　顶髋

（2）提髋

两脚开立，体侧曲臂，半握拳，向左、右上提髋（图 3-2-21）。

（3）绕和环绕

两脚开立，双手叉腰，髋向左、右方向做弧线或圆周运动（图 3-2-22）。

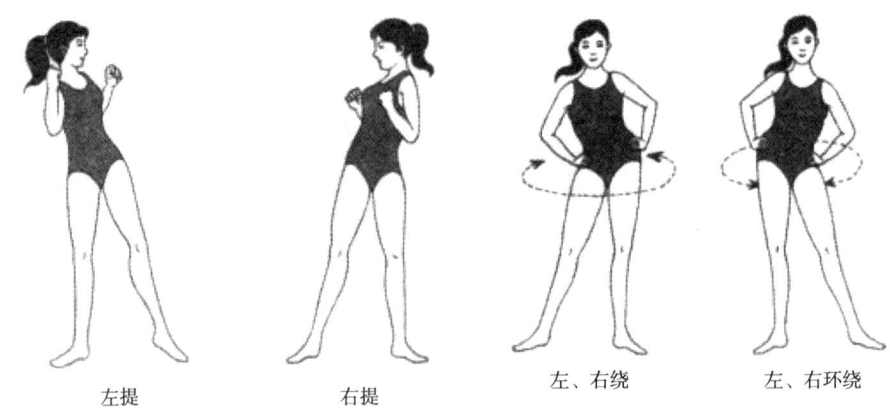

左提　　　　　右提　　　　　左、右绕　　　左、右环绕

图 3-2-21　提髋　　　　　　图 3-2-22　绕和环绕

在健身健美操的基本动作教学过程中，教师应注意学生基本健身健美操动作的正确掌握，使学生确立正确的健身健美操基本动作形态是教学的主要任务和教学重点。

二、健身健美操组合动作教学

健身健美操组合动作教学是对学生的健身健美操基本动作教学的进一步深化与提高，通过不同类型的健身健美操基本动作的有机结合学练，能进一步丰富健身健美操的教学内容，有效提高学生的健身健美操学练的积极性，并提高学生的健身健美操学练的身体协调性。健身健美操动作内容丰富、形式多元，健身健美操的组合动作也具有多样性的特点。下面，重点解析健身健美操的髋部组合动作与跳步组合动作教学内容。

（一）健身健美操髋部组合动作教学

髋部组合动作是健身健美操的基本动作组合内容之一，以髋部动作为基础动作，配以健美操手臂的特色动作组合而成。

健身健美操的髋部组合动作主要是躯干和上肢运动，通常包括左右顶髋、臂屈伸及挥摆等动作内容。以一组 3×8 拍的健身健美操髋部动作教学为例，具体教学内容与设计如下：

1. 教学准备

音乐选择：旋律清晰、节奏感强，速度 24 拍 /10 秒。

教学要点：使学生明白原地顶髋是健美操髋部动作中最基本的一种，通过讲解和示范，让学生掌握正确的健身健美操髋部动作，纠正学生的错误动作。

学练要求：髋部动作幅度大，节奏感强；动作到位，有力度。

2. 组合动作教学

（1）预备动作

第 1—4 拍：开立，两手叉腰。

第 5 拍：左腿屈膝内扣，右顶髋。

第 6 拍：右腿屈膝内扣，左顶髋。

第 7、8 拍同第 5、6 拍（图 3-2-23）。

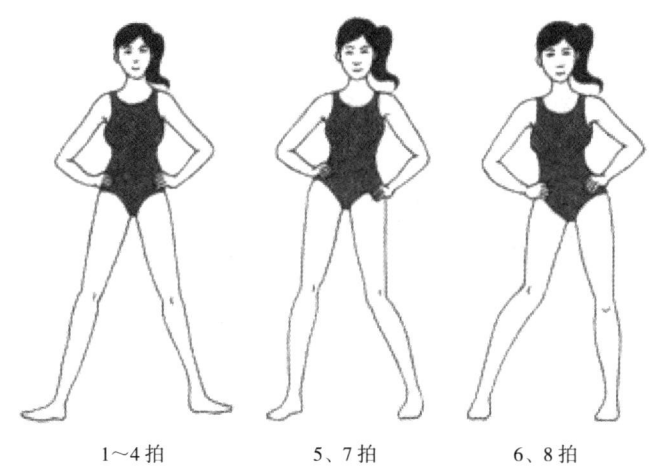

1～4 拍　　　　5、7 拍　　　　6、8 拍

图 3-2-23　预备动作

（2）组合动作学练

第一个 8 拍：

第 1 拍：左膝内扣，顶右髋，两臂平屈。

第 2 拍：右膝内扣，顶左髋，两臂下伸。

第 3、4 拍同第 1、2 拍（图 3-2-24）。

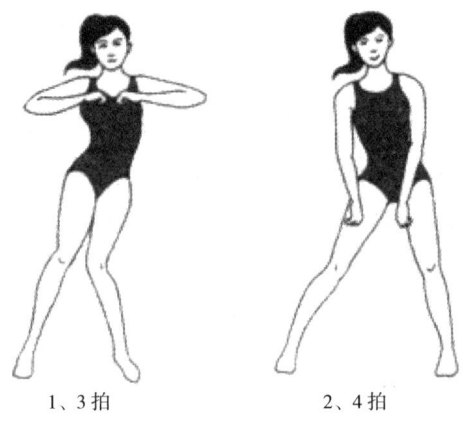

1、3拍   2、4拍

图 3-2-24　组合动作学练第一个 8 拍的第 1、2 拍

第 5 拍：腿、髋同 1 拍，两臂头上交叉 1 次、上举，抬头。

第 6 拍：腿、髋同 2 拍，两臂头上交叉 1 次、上举。

第 7 拍：腿、髋同 1 拍，两臂侧屈，头右转。

第 8 拍：腿、髋同 2 拍，两臂下垂，头正直（图 3-2-25）。

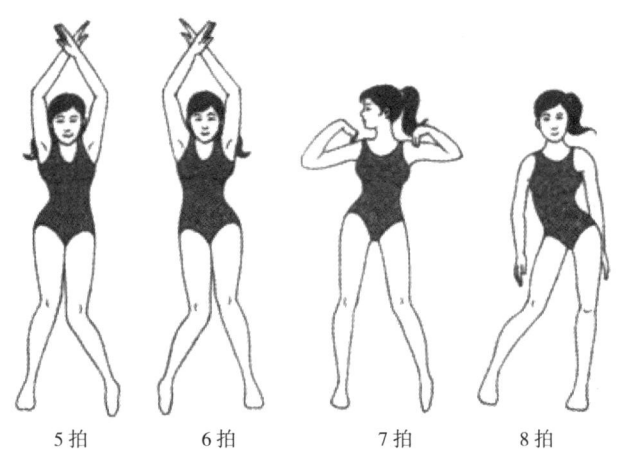

5拍   6拍   7拍   8拍

图 3-2-25　组合动作学练第一个 8 拍的第 5—8 拍

第二个 8 拍：

第 1 拍：腿、髋同第一个 8 拍的 1 拍，左臂胸前屈。

第 2 拍：腿、髋同第一个 8 拍的 2 拍，右臂胸前屈。

第 3 拍：腿、髋同 1 拍，左臂前伸。

第4拍：腿、髋同2拍，右臂前伸（图3-2-26）。

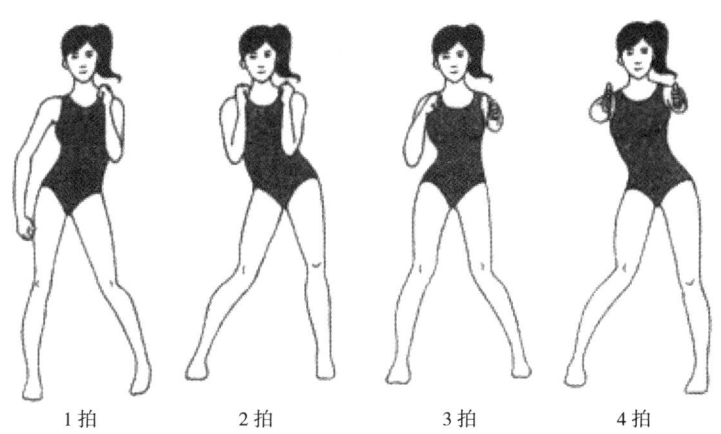

1拍　　　2拍　　　3拍　　　4拍

图3-2-26　组合动作学练第二个8拍的前4拍

第5、6拍：左脚开始踏2步，胸前击掌2次。

第7拍：开立跳，两手叉腰。

第8拍：不动（图3-2-27）。

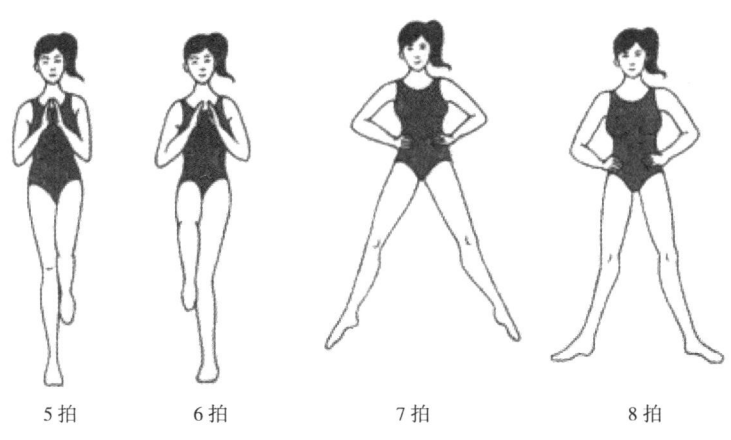

5拍　　　6拍　　　7拍　　　8拍

图3-2-27　组合动作学练第二个8拍的后4拍

（二）健身健美操跳步组合动作教学

在健身健美操运动中，跳类动作十分多见，它是健身健美操的重要动作之一，也是健美操项目的一个特色动作。

以一组 6×8 拍的健美操跳步组合动作为例，具体教学内容与设计如下：

1. 教学准备

音乐选择：节奏感强，速度 26 拍 /10 秒。

教学要点：通过讲解与示范，学生了解健身健美操跳类动作的特点，在动作学练中，动作要求为：跳跃轻快，富有弹性；动作到位，有力度；动作连贯，节奏准确，表现力好。

2. 组合动作教学

（1）预备动作

自然开立，两手叉腰，上体正直，目视前方，身体保持适度的紧张状态，但不僵硬。

（2）组合动作学练

第一个 8 拍：

第 1、2 拍：自然开立，两手叉腰。

第 3、4 拍：两脚弹动 2 次（图 3-2-28）。

注意各动作之间的合理衔接。

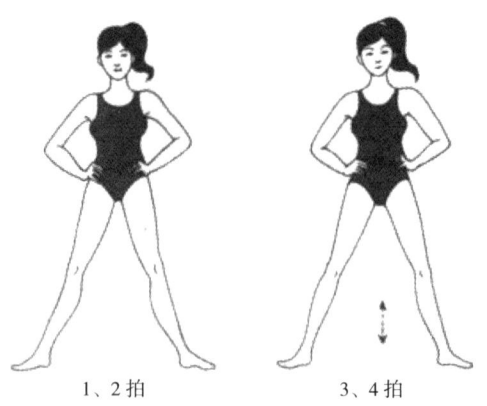

1、2 拍　　　　　　　　3、4 拍

图 3-2-28　组合动作学练第一个 8 拍的前 4 拍

第 5、6 拍：跳成并立，两脚弹动 2 次。

第 7 拍：跳成开立。

第 8 拍：跳成并立，两臂落至体侧（图 3-2-29）。

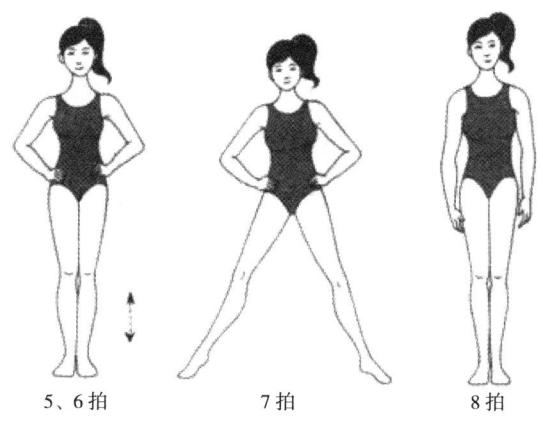

图 3-2-29 组合动作学练第一个 8 拍的 5—8 拍

第二个 8 拍：

第 1 拍：右腿后踢跑，两臂胸前屈。

第 2 拍：左腿后踢跑，两手胸前击掌。

第 3 拍：右腿后踢跑，两臂肩侧上屈。

第 4 拍：并腿，手同 2 拍（图 3-2-30）。

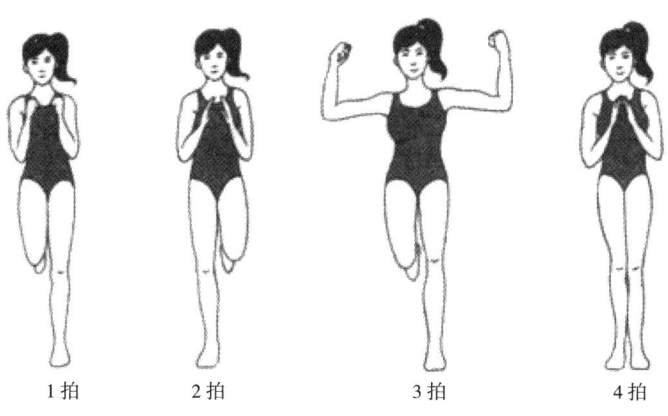

图 3-2-30 组合动作学练第二个 8 拍的前 4 拍

第 5 拍：双脚右蹬跳成右侧弓步，左臂侧举，右臂胸前平屈，头稍左转。

第 6 拍：还原成并立，两手胸前击掌。

第 7、8 拍：同第 5、6 拍，方向相反，但 8 拍两臂还原至体侧（图 3-2-31）。

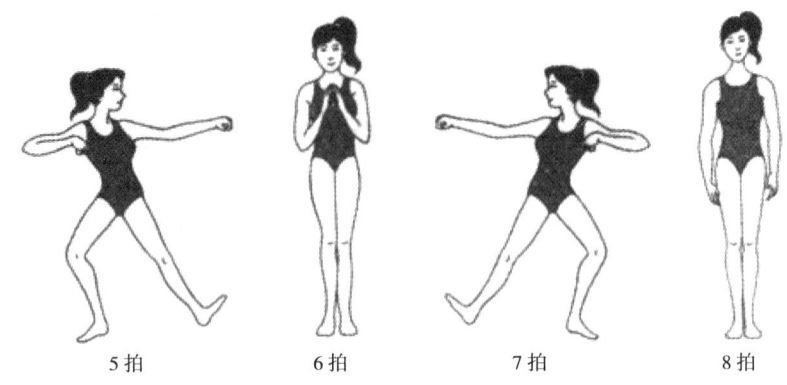

图 3-2-31　组合动作学练第二个 8 拍的后 4 拍

第三个 8 拍：

第 1 拍：左脚向侧一步，左臂上举，右臂前举。

第 2 拍：提右膝右转体 90°，右臂胸前上屈，左臂胸前平屈。

第 3 拍：右腿后伸成左前弓步，左臂侧举，右臂肩侧上屈，头左转。

第 4 拍：右腿还原跳成并立，两臂还原至体侧，头还原（图 3-2-32）。

图 3-2-32　组合动作学练第三个 8 拍的前 4 拍

第 5 拍：左腿提膝跳，两臂胸前平屈。

第 6 拍：还原成并立，两臂还原至体侧。

第 7 拍：右腿高踢跳。

第 8 拍：右腿落下成并立（图 3-2-33）。

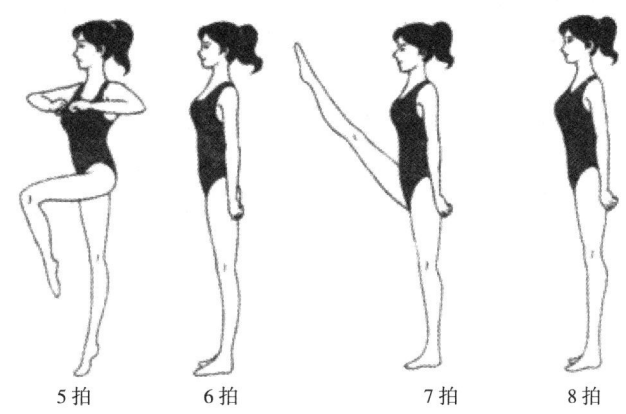

|5拍|6拍|7拍|8拍|

图 3-2-33　组合动作学练第三个 8 拍的后 4 拍

第四个 8 拍：

第 1 拍：右脚向侧一步，右臂上举，左臂前举。

第 2 拍：提左膝同时向右转体 90°，左臂胸前上屈，右臂胸前平屈。

第 3 拍：左腿后伸成右前弓步，右臂侧举，左臂肩侧上屈，头向右转。

第 4 拍：左腿还原跳成并立，两臂还原至体侧，头还原（图 3-2-34）。

|1拍|2拍|3拍|4拍|

图 3-2-34　组合动作学练第四个 8 拍的前 4 拍

第 5 拍：右腿提膝跳，两臂胸前平屈。

第 6 拍：还原成并立，两臂自然下垂。

第 7 拍：左腿高踢跳。

第 8 拍：左腿落下成并立（图 3-2-35）。

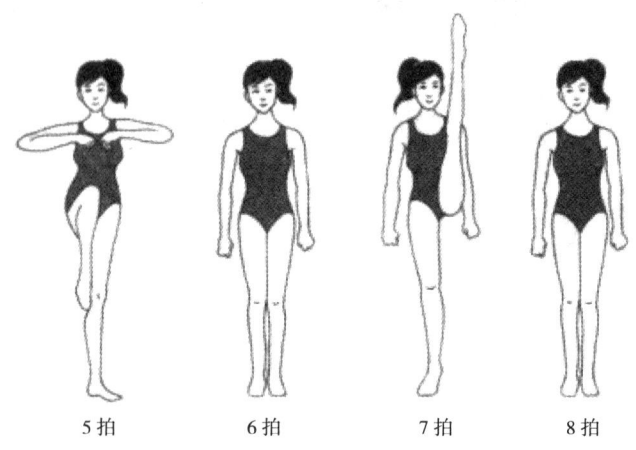

5拍　　　6拍　　　7拍　　　8拍

图 3-2-35　组合动作学练第四个 8 拍的后 4 拍

第五个 8 拍：

第 1 拍：跳成开立，左臂侧举，头左转。

第 2 拍：跳成并立，左臂肩侧上屈，头还原。

第 3 拍：跳成开立，右臂侧举，头右转。

第 4 拍；跳成并立，右臂肩侧上屈，头还原（图 3-2-36）。

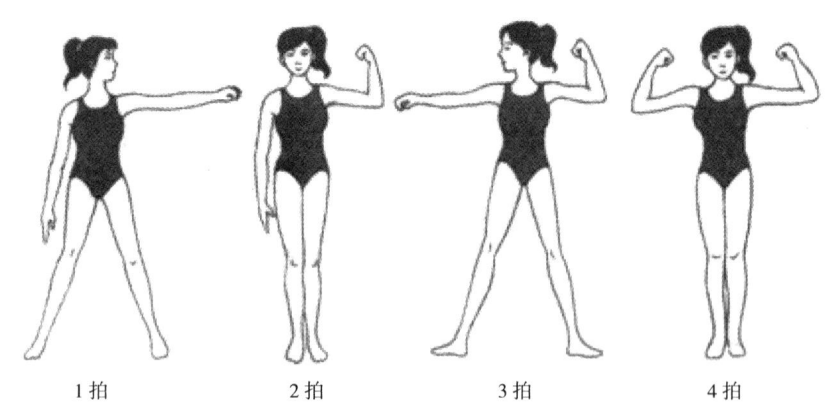

1拍　　　2拍　　　3拍　　　4拍

图 3-2-36　组合动作学练第五个 8 拍前 4 拍

第 5 拍：跳成开立，两臂胸前屈。

第 6 拍：跳成并立，两臂胸前平屈。

第 7 拍：跳成开立，两臂上举。

第 8 拍：跳成并立，两臂自然下垂（图 3-2-37）。

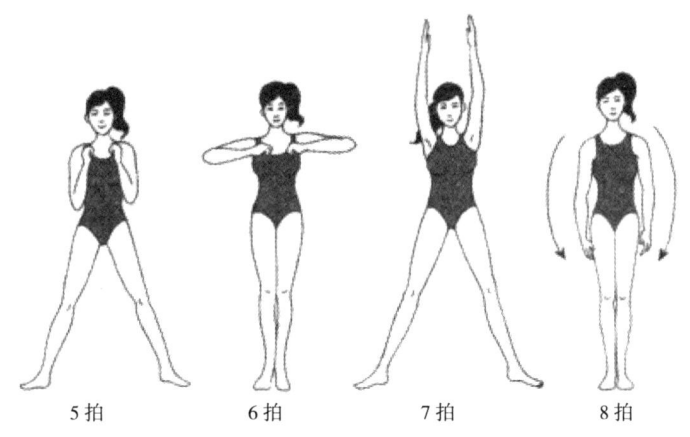

5 拍　　　　6 拍　　　　7 拍　　　　8 拍

图 3-2-37　组合动作学练第五个 8 拍后 4 拍

第六个 8 拍：

第 1—4 拍：跑跳步左转体 360°，两臂体侧自然摆动。

第 5、6 拍：原地踏步，胸前击掌 2 次。

第 7、8 拍：跳成开立，两臂向外绕至肩上屈，两手扶头后，挺胸立腰，目
视前方（图 3-2-38）。

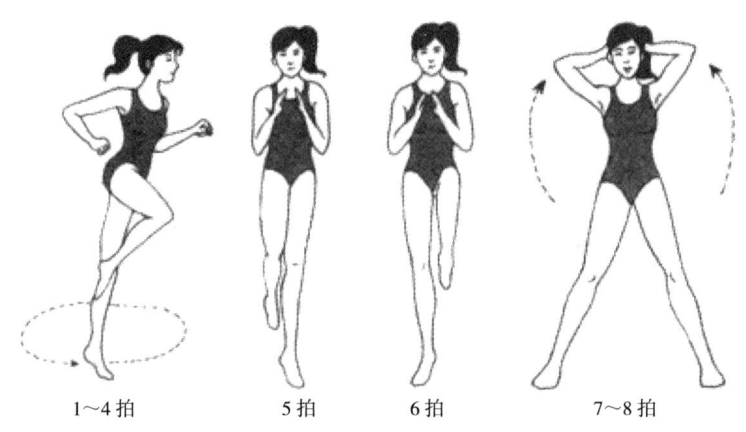

1～4 拍　　　　5 拍　　　　6 拍　　　　7～8 拍

图 3-2-38　组合动作学练第六个 8 拍

三、有氧健身操 HIIT 体能练习动作教学

HIIT 训练（High-intensity Interval Training，高强度间歇训练）是以大于等于无氧阈或最大乳酸稳态的负荷强度进行的多频次、短时长，且每两次练习之间安排静息式低强度练习以保证练习者不足以完全恢复的训练方法。其主要应用在运动员、健身人群或需要运动康复的慢性疾病人群之中，能让练习者在短时间内提高心率并燃烧更多热量，提高有氧能力和脂肪代谢能力。

有氧健身操的练习强度为运动心率保持每分钟 120—160 次之间，内容选择《第三套全国大众健美操锻炼标准》的一级和二级动作。HIIT 训练时运动心率保持在每分钟 160 次以上。根据学生特点选择 7 个动作，分别为原地高抬腿、深蹲原地起跳、上举击掌波比跳、平板支撑、登山者、开合跳、俄罗斯转体。以上每个动作练习时间为 45 秒，中间休息 15 秒。每周训练两次，上课时间训练一次，课后训练一次。

（一）原地高抬腿

练习方法：两脚与肩同宽，挺胸收腹，原地跑步，尽快完成动作。

练习时间：60 秒，休息 20 秒（初学者练习时间可以从 30 秒开始，根据个人状况循序渐进增加至 60 秒）。

（二）深蹲原地起跳

将双脚分开站好，脚尖部位保持平行。膝盖弯曲向下进行半蹲或深蹲，两条手臂自然放在身后。双脚用力快速起跳，同时两条手臂迅速地往上方摆动。将全部的力量集中在脚尖并从地面跳起，在空中时要尽量伸直腿部。进行落地时将膝盖弯曲，使用前脚掌着地。

（三）上举击掌波比跳

双脚与肩同宽，自然站立。髋关节屈曲，同时保持脊柱挺直，弯曲膝盖深蹲。蹲下后双手撑在地面，与肩同宽。双脚向后用力蹬至高平板式姿势，并收紧核心，完成一个伏地挺身的动作。双脚跳回至深蹲时姿势。收小腹，运用大腿肌肉使身体向上跳起来，回到站姿着地并击掌。

（四）平板支撑

俯卧，双肘弯曲支撑在地面上，肩膀和肘关节垂直于地面，双脚踩地，身体离开地面，躯干伸直，头部、肩部、胯部和踝部保持在同一平面，腹肌收紧，盆底肌收紧，脊椎延长，眼睛看向地面，保持均匀呼吸。

每组保持 60 秒，每次训练 4 组，组与组之间间歇不超过 20 秒。

（五）登山者

正确的登山者式，可以由高平板支撑进入，核心保持用力，身体、背、脚呈一直线，左脚往内收，靠近左手手肘，或是尽量往胸口靠，再回到高平板支撑姿势，接着左右换边。

（六）开合跳

站姿跳跃，双脚往外张开约 1.5 个肩膀宽，双手往头顶方向击掌，注意手肘尽量伸直在头部两侧夹紧，可同时使身体往上延伸。

再跳一次后双脚并拢，双手拍大腿两侧，注意身体仍要往头顶方向延伸，尽量不要驼背。重复动作 1—2，共约 30 秒。

（七）俄罗斯转体

俄罗斯转体是一种拉伸动作，步骤是坐于垫上，双腿曲膝抬起，脚离地，下背挺直，上背略微弓起。转动双肩带动手臂的移动。手接触身体两侧地面，目光跟随双手移动。

第三节　健身健美操的创新发展

一、健身健美操创新发展的基本原则与基本要素

（一）基本原则

1. 目的性原则

在健身健美操的创新与发展过程中，确立一个明确的目标具有至关重要的意义。为了在设计动作时能够做出明智的决策，创作者必须对创新目标有清晰的

认识。在不同的创新领域，如健身、娱乐、表演、竞赛或课堂教学，目标驱动的创新可对动作结构、难度、特点和音乐选择等关键要素进行有针对性的调整。因此，明确的目标在创新过程中起着决定性作用，可以使创新更具条理性、高效性，并达到预期的创新效果。目标导向原则在健身健美操的创新与发展中具有不可或缺的作用，它有助于创作者做出有针对性的决策，从而更好地满足各类用户的需求。

2. 全面性原则

健身健美操的创新发展需要全面考虑其内容，不仅注重运动能力的培养和体育文化的传承，还需要考虑学生的体能状况和技巧掌握水平。学生的体能和技巧是健身健美操创新发展的基础，只有在这些方面得到充分发展，学生才能充分展现健身健美操的魅力并获得良好的锻炼效果。此外，生理机能和身体发展也是健身健美操的重要考虑因素。作为促进学生身体健康和美丽的手段，健身健美操必须充分考虑生理机能和身体发展的规律才能达到预期的效果。另外，学生的主观能动性和选择权也应被重视。在健身健美操创新的过程中，学生作为主体应该有权选择自己想要学习的内容，因此，教育内容需要全面公正地考虑学生的体能、技巧掌握、生理机能和身体发展，同时尊重学生的主观能动性和选择权。

3. 科学性原则

科学性原则对健身健美操的创新发展起着决定性作用。为了实现全身各部位的均衡运动和适宜的运动负荷，健身健美操的创编者必须理解和应用运动负荷和动作设计的科学原理。这需要他们充分了解学生的身心发展特征，并掌握运动生理学和运动解剖学等相关学科知识。这些知识能够帮助他们评估和确定合理的运动强度、频率和持续时间，确保健身健美操对学生的身体和心理健康产生积极的影响，同时有助于预防运动伤害，并使学生能够从锻炼中获得最大的益处。因此，遵循科学性原则对健身健美操的发展至关重要，其是健身健美操可持续性和有效性的重要理论保障。

4. 针对性原则

在针对学生群体进行健身健美操的创编过程中，应特别重视其简单易学、自然流畅、趣味性强、幅度大和力度适中的特征。必须将运动负荷的控制纳入重点考虑范围，以促进人体的全面发展和增进健康。在创新和发展健身健美操的过程中，我们应该充分了解学生的体能状况以及技巧掌握程度，使创编出的健身健美操能够更好地适应学生的能力，保证简单易学。健身健美操的动作设计应追求自然流畅，使学生能够轻松地跟做。我们还应注重增强健身健美操的趣味性，吸引学生长期坚持锻炼。另外，健身健美操的动作幅度应当大，以便充分锻炼学生身体的各部位；力度应当适中，避免过度疲劳和造成运动伤害。在创编过程中，创编者还应充分尊重学生的主观能动性和选择权，提高学生的参与度和兴趣。

（二）基本要素

健身健美操的创新发展需要考虑音乐、动作、时间和空间要素，它们相互影响，是成套动作的重要组成部分。

1. 音乐要素

音乐在健身健美操的创新发展中扮演着关键角色。音乐的稳定节奏和节拍能够为动作提供一致的协调性，使学生能够更好地掌握动作的速率和节奏，从而提升动作的质量和效果。音乐不仅是健身健美操的背景音乐，还是整套动作中控制节奏、提示动作、体现层次和时间的媒介。音乐的选择与使用能够影响整套动作的风格、主题、情感和意境的表现。音乐能够营造出良好的学习氛围，激发学生的学习热情，并有助于减轻他们的学习压力。音乐的艺术性和创新性能激发学生的创意思维，推动健身健美操在表现形式和内容上的不断发展和创新。针对不同年龄段以及不同兴趣爱好的学生选择适合的音乐，能够提高学生参与课堂的积极性和主动性，增强他们对健身健美操的热爱，并进一步提高他们的参与度和学习效果。

2. 动作要素

健身健美操是一项借助精心选取的动作要素进行全面身体锻炼的运动。其核心在于如何巧妙地编排这些动作，从而影响锻炼身体的效果和艺术性。伸展身体、增强体质、提升自信心是健身健美操的主要目标，这些目标实现与否，与动作的选取与组合方式息息相关。

在健身健美操中，设计动作时需要考虑多个因素，如运动的方向、路线、范围、速度和频率等。通过巧妙运用这些因素，我们可以有效地锻炼特定的肌肉群，进而实现理想的运动负荷调节，并达到最佳锻炼效果。除了关注身体锻炼，健身健美操的创编还需要结合音乐、舞蹈等相关元素，从而增加艺术性和趣味性。这种方式可以极大地激发练习者的热情和兴趣，同时能使健身健美操的动作更加生动，富有吸引力。对于初学者来说，一套简单、易学、科学、全面并具有艺术性的健身健美操具有极大的价值。这类健身健美操有助于帮助学生塑造良好的体态，提高身体各部位的功能与协调性，从而达到形体美的效果。

总的来说，动作要素在健身健美操中扮演着核心与关键的角色。全面、科学且合理的动作选择与编排不仅有助于锻炼身体，提高体质水平，也能促进美的形体的塑造，增强自信心。因此，在进行健身健美操的练习时，我们应充分关注并实现动作要素的优化选择与编排，以取得最佳锻炼效果。

3. 时间要素

健身健美操的运动时间通常在 3—5 分钟，这个时间段可以充分展现出健身健美操的多样性和全面性。在创编过程中，要根据教授对象的运动水平和耐力素质合理安排时间。时间在音乐中起到决定节奏和速度的关键作用。合理安排时间可控制学生练习的节奏。在健身健美操中，动作的起止、节奏、次序和连贯都需要对时间的精准把握。时间的合理安排可以使整套动作更具艺术性和完整性。通过控制动作的时间顺序和节奏，更好地突出成套动作的主题和情感表达，增强其表现力和感染力。同时，在特定的时间节点上加入特定的动作或音乐元素，可以突出成套动作的创意和新颖性。时间的巧妙安排和控制可以推动健身健美操在表现形式和内容上不断发展和创新。

4. 空间要素

健身健美操中的空间要素主要体现在动作的路线、方向和队形的变化方面，这些要素对于表现成套动作的主题和锻炼效果具有至关重要的作用。动作移动的对称性体现了健身健美操全面性的特征，而动作方向的多样性有助于学生更快地掌握成套动作。成套动作中的各个动作在各种方向和路线的辅助下巧妙地衔接在一起，展示出丰富多彩的舞蹈姿势，突出了成套动作的主题。在创编过程中，要注重动作的艺术性和创造性，同时要保证动作的简单、易学和科学性，并且要合理利用运动空间，避免单一动作方向和路线对成套动作的整体效果造成不良影响。

二、健身健美操的实践创新发展

健身健美操的创新发展最终要落实到实践当中，因此，需要对健身健美操的实践创新发展给予高度重视。为了更好地研究这一问题，要先了解健身健美操实践创新发展的基本特征和主要方法。

（一）健身健美操实践创新发展的基本特征

1. 综合性特征

综合性特征是健身健美操项目创新发展的基本特征。近年来，研究者对体育运动的研究使得越来越多的体育项目广泛融合，包括不同项目之间的融合与不同器械之间的融合等。新项目并不是简单地汇集，而是按照一定的科学目的、规律加以分析、归纳、加工、整合与创新研究而成。

2. 多维性特征

健身健美操实践创新发展的多维性特征表现在新动作、新环境、动作风格、器械和融合创新法、移植创新法等创新方法上。

（二）健身健美操实践创新发展的主要方法

健身健美操的创新方法主要是在遵循一定原则和规律的基础上，通过组织基本步伐和动作构建完整的成套动作。这种方法不仅提供了理论与实践之间的桥梁，还是实现创新的关键途径。在选择创新方法时，需要考虑创新的目的、学生的年龄以及成套动作的风格。总的来说，健身健美操的创新方法主要涵盖以下五个方面：

1. 整体法

健身健美操的创新发展需全面规划，充分考虑目的、任务、参与者等因素，并有针对性地设计动作风格、主题、组合方式、时长、难易度和节奏等关键要素。特别是整体法和不同创新方法的应用，能够为后期的创新提供坚实的支撑，使健身健美操不仅具有健身价值，还具有独特的魅力和艺术价值。

2. 组合法

组合法在健身健美操的创编过程中发挥着核心作用。通过重新组合各种动作元素和搭配方式，并考虑音乐的结构层次，可以使整体动作设计思路清晰、层次分明，突出创编者想表达的主题，同时增加成套动作的丰富多样性。在应用组合法时，创编者必须充分考虑学生的身心发展特点，通过深入分析学生的身体素质、技术水平以及兴趣爱好等因素，创编出适合他们的健身健美操。这样，不仅能使健身健美操更贴近学生的实际需求，也能帮助学生更好地掌握健身技巧，从而提高锻炼效果。此外，运用组合法还有助于实现动作之间的流畅过渡与衔接。在创编过程中，为提高成套动作的连贯性和观赏性，我们必须关注动作之间的衔接和过渡。

3. 多向思维法

在健身健美操的创编与发展进程中，多向思维的运用能够有效地冲破固有思维定式，推动其多元化发展。多向思维倡导从多角度、多方向进行思考和解决问题，有利于创新思维的催生。通过运用多向思维，我们可以对健身健美操的动作元素、组合方式、音乐选择等开展全新的思考与探索。此外，多向思维还鼓励我们从不同的文化、艺术、科技等范畴中获取灵感，为健身健美操的创编与创新发展提供更多的可能性。通过不断尝试与探索，我们可以创编出更加符合人们需求的、多样化的健身健美操。

4. 移植法

移植法是现代健身健美操创新的关键策略之一。引入其他运动项目或舞蹈、体操等运动中的动作元素，经过二次创编，能够显著提升成套动作的艺术性和趣味性。此种创新方式为健身健美操提供了更多的可能性，为其发展注入了新活力，拓宽了其动作选择范围，并激发了创编者的创作灵感。通过借鉴其他运动项目的动作和技术，健身健美操的动作体系得以不断丰富和发展，不同的文化元素和艺术形式融入其中，使其更具多元性和观赏性。

5. 变化法

在健身健美操基础动作的创新发展过程中，变化法是重要策略之一。通过调整动作的幅度、方向、节奏和方式等因素，创编者能够设计出新动作，这种方法具有高度的实际操作性和简单实用的特点。在创编过程中，创编者根据创新原则和人体运动规律，能够创编出各种动作组合。

首先，动作幅度变化法通过调整身体运动幅度设计新动作，有助于实现锻炼强度和效果调整的目的。在创编过程中，创编者通过逐步增大或减小动作幅度，能够使健身健美操的动作更具挑战性和锻炼效果。

其次，动作方向变化法通过改变躯干和下肢所面向的方向设计新动作，使动作更加丰富多样。这种方法有助于参与者更好地锻炼身体的各个部位，同时提升动作的新颖性和观赏性。在创编过程中，创编者尝试不同的动作方向，如前后、左右、上下等，创设更加多样化的动作组合。

再次，动作节奏变化法是根据音乐的节奏或动作的速度变化改变动作的节奏，呈现出不同的效果。这种方法有助于创编者更好地把握整体的动作节奏和韵律感，使健身健美操更具艺术性和趣味性。在创编过程中，创编者根据不同的音乐节奏或动作速度设计不同的动作组合，呈现出不同的节奏感和视觉效果。

最后，动作方式变化法运用无冲击力步伐、低冲击力步伐和高冲击力步伐设计新动作。这种方法有助于改变健身健美操动作的难度级别和练习强度，同时呈现出动作在不同空间层次上的变化。这种方法能够使创编者根据不同的人群和锻炼目标设计出更具针对性的动作组合，使健身健美操更具针对性和科学性。

第四节　竞技健美操理论分析

一、竞技健美操的概念

竞技健美操就是在音乐伴奏下能反映连续、复杂、高难度成套动作能力的运动项目。

二、竞技健美操的发展历程

因为健美操运动属于群众性体育运动的范畴，所以仅能凭借比赛使其逐步演变成真正意义上的竞技体育项目。针对健美操运动开展的首次国际比赛是1983年IAF（International Accreditation Forum，国际认可论坛）举办的"第1届国际健美操比赛"，所以说竞技健美操仅有数十年的发展时间。截至当前，IAF已经成功举办了多届健美操世界杯赛，每年的参赛运动员多达百名。除IAF以外，知名度较高的健美操赛事还有由ANAC（世界健美操冠军联合会）举办的世界健美操冠军赛，这项健美操赛事将少儿健美操比赛纳入其中，多个国家的健美操运动员都在参与这项赛事。除健美操世界杯赛和世界健美操冠军赛以外，各个健美操国际组织都相继独立举办或者合作举办多种世界健美操巡回赛和大奖赛，目的是提高健美操运动在世界各国的知名度，吸引更多人成为健美操运动的参与者。从整体来看，健美操运动国际性赛事的参赛人数每年都在增加，针对少儿群体设定的健美操比赛项目同样呈现出增加趋势，这两个方面在很大程度上推动了健美操运动的推广进程与普及进程，也从某种程度上彰显了竞技健美操运动的发展潜力和生命力。

综观竞技健美操的发展历程，各类健美操国际赛事的因素具有差异且持续变化着，参赛运动员的技术水平也呈现出持续提升的趋势。因为所用的竞赛规则存在差异，所以各类健美操赛事在场地安排和时间安排上存在或多或少的不同，但各类赛事的比赛项目基本统一，都是由男单、女单、混双和3人这几个项目组成的，需要补充的是FIG比赛（世界健美操锦标赛）在2001年增加了集体6人项目。值得一提的是，俯卧撑、仰卧起坐、高踢腿、开合跳在过去很长一段时间内均为比赛规定动作，同时是竞技健美操运动的显著标志，但在比赛日趋激烈和运动员技术水平持续提高的发展背景下，规定动作被逐步替代成为一种必然趋势。

三、竞技健美操技术发展的影响因素

（一）技术交流信息

将运动训练的项群理论作为理论基础，运动员掌握信息技术的实际情况对竞技健美操运动主要技术的发展有决定性影响。由竞技健美操运动国际最高的技术权威机构FIG竞技健美操技术委员会对项目本身的技术问题经过充分的调查、研究、比较、分析和理解之后颁布了本项目的赛事评分规则。在此基础上，由各个会员国基于对规则文字的认识为参与赛事做相关准备，哪个会员国对规则的理解程度与技术委员会领导下的裁判委员会相关认识差异小，同时可以精准掌握参赛套路的创编要点和训练要点，则哪个会员国获胜的可能性会大一些。

要想最精准地认识和掌握竞技健美操的技术实践，仅凭借对文字层面的理解、猜测以及判断是不可行的，唯一有效的途径就是技术实践，而这也恰恰是影响我国竞技健美操运动技术水平持续上升的关键性因素。由此可见，提高我国健美操运动技术水平的基础性条件是强化我国健美操运动和世界各国健美操运动、我国中心城市健美操运动和各地方城市健美操运动在技术层面的沟通。自我国竞技健美操和国际接轨以来，踊跃参与国际体联组织的各类健美操活动，同时定期外聘

国外专家来华讲学，尤其是积极和世界各国拥有较大话语权的教练员、裁判员以及运动员进行交流与沟通，这大大缩短了我国了解世界健美操运动最新发展动态的时间。

（二）专业人才的综合素质

就现阶段来看，世界范围内的竞技健美操专业技术人才正朝着多元一体化方向持续发展着，包括技术委员、裁判员、运动员在内的多人的工作内容集中在一人身上。经过全方位对比后发现，我国竞技健美操专业技术人才应自觉提高以下几方面的素质：

1. 不断积累基础理论学科知识

竞技健美操专业人才要想在专业领域居于前列，仅凭以往的运动员生涯或者接触其他运动项目的经历和经验是远远不够的。作为一名竞技健美操专业技术人才，必须基于具体技术现象并立足于多个学科展开理论层面的剖析和研究，完成具体行为计划的修订工作后对技术实践产生指导性作用。具体来说，对竞技健美操技术实践有指导性作用的基础理论学科分别是人类学、行为学、心理学等。

2. 立足于多个视角认识和剖析规则

竞技健美操技术水平领先国家的参赛动作，可以站在裁判员、教练员以及运动员的视角精准剖析和掌握规则中的技术要点，科学高效地审核并修改创编完成的成套动作，促使成套动作的技术价值和智能水平得到大幅度提高。

3. 提高英语水平和使用电脑的水平

综合分析世界各国高水平竞技健美操教练员会发现，绝大多数教练员都具备独立用英语交流和高效使用电脑软件完成音乐制作的能力。教练员的英语沟通能力和使用计算机的能力对其工作效率和工作质量的提高至关重要。

四、竞技健美操的发展趋势

（一）各项技术"难、新、美、稳"

在未来较长的时间内，竞技健美操运动依旧会沿着"难、新、美、稳"的发展方向不断前进。对于技能类难美项群运动而言，最显著的发展特征就是"难、新、美、稳"，其中"难""新"和"稳"都致力于为"美"提供服务。

（二）难度动作向艺术性和安全性方向发展

区分杂技与其他难美项群项目的一个重要标志是竞技健美操运动的难度动作。国际竞技健美操竞赛规则就竞技健美操难度动作具体数量做了严格限制，如此不仅能为运动员自身安全提供保障，也使得难度动作的艺术性特征更加显著。与此同时，国际竞技健美操竞赛规则将难度动作的连接加分纳入其中，但针对运动员完成难度动作提出的要求并未下降。处于连接状态的难度动作不只能把技能类难美项群的动作特征反映得淋漓尽致，更使竞技健美操艺术价值得到大幅度提升，基于此，竞技健美操运动员必须达到更高的要求。

（三）成套动作的艺术性特点日益明显

竞技体育中难美项群的一个显著特征就是艺术性，而竞技健美操恰恰是凭借自身特殊的艺术表现形式逐步占据了竞技体育领域的一席之地。历史性地剖析国际健美操评分规则会得出，艺术性一直以来都是健美操规则中的一个重要评分因素，同时充当着判定健美操运动员技术水平的重要标准。

竞技健美操艺术性特征着重反映在成套动作的多样性、连接动作的流畅性、场地空间的多变性、音乐风格的感染力、运动员的表现力、集体项目中同伴间的配合等方面。竞技健美操成套动作中的艺术水平对由此获得的裁判员认可程度、比赛成绩、观众喜爱程度都有重要影响。

（四）技术细节对运动成绩的影响日益增大

在科学技术普及速度持续加快、科学选材要点、高效训练手段以及先进训练设备持续推广的大背景下，竞技健美操运动员在竞技能力上日益接近，基于此，技术细节就演变成运动员制胜的重中之重。

（五）个性化要求和观赏性要求被置于重要位置

竞技健美操的表演性特征十分显著，运动员最终确定的音乐制作、动作设计、表演、服装设计不仅对整套操的风格有重要影响，也会影响观众和裁判员的印象深度，还会对比赛输赢有决定性影响。对于 21 世纪的世界健美操运动来说，一定会向艺术化、个性化、风格化的方向持续发展，同时欣赏价值与观赏性特征也会更加显著。

第五节　竞技健美操动作教学

一、竞技健美操基本动作教学

（一）基本轴控制教学

1. 站立控制

（1）基本站立控制

双腿夹紧，收腹挺胸，立腰立背，肩胛骨下旋同时双肩下沉，在没有墙壁支撑的情况下进行学练。运动员应保证身体的用力感和有墙面支撑物相同，同时切身感受这种身体姿态。

（2）双手叉腰提踵站立控制

在站立控制的基础上，双手叉腰，同时双足提踵，保证身体垂直轴的控制能力能伴随身体重心的提高而提高。此外，运动员要切身感受后背的感觉以及身体垂直轴的控制。

（3）双手叉腰提踵行进间垂直轴控制

在双手叉腰提踵站立控制的基础上，提踵行进间走，可向前或向后行走，在身体重心发生移动的前提下完成垂直轴控制练习。

2. 纵跳控制

（1）原地纵跳控制

在站立控制练习的基础上，双膝微屈，蹬地向上，借助踝关节力量向上纵跳。在动作过程中，体会腰腹、臀部收紧，身体成一条直线，感受身体垂直轴的控制。运动员完成原地纵跳控制练习时，需要达到的要求是提气、收腹、立腰，头尽量往上顶，有落地缓冲。

（2）负重原地纵跳控制

在原地纵跳控制练习的基础上，脚踝关节上绑上沙包，在增加负荷的情况下进行身体垂直轴控制练习。

（二）身体姿态教学

1.站立姿态

（1）颈部练习

颈部自然挺直，微收下颌，眼看前方，头部保持正直。也可放一本书在头上，保持平衡，并能在保持平衡的基础上进行移动练习。

（2）肩部练习

将两肩垂直向上耸起，等到两肩有酸痛感后再把两肩用力下垂。反复练习，结束后充分放松。

（3）臀部练习

两脚并拢站立，躯干保持直立，脚掌用力下压，臀部和大腿肌肉用力收紧，并略微向上提髋，反复练习。

（4）腹部练习

在收紧臀部的同时，使腹部尽量用力向内收紧，并用力向上提气，促使身体向上提，坚持片刻，然后放松，反复练习。

（5）站立姿态练习

在背靠墙站立姿态练习的基础上，脱离墙的支撑，体会站立时肌肉的细微感觉。参与这项练习的健美操运动员应增加练习次数，并且保证呼吸均衡。

2.头颈姿态

（1）低头练习

两手叉腰，立正站好。挺胸，下颌贴住锁骨窝处，颈部伸长，然后还原。运动员应循序渐进地加快速度，切实感受低头时控制肌肉的感觉。

（2）抬头练习

两手叉腰，立正站好。头颈后屈，然后还原。运动员应循序渐进地加快速度，切实感受抬头时控制肌肉的感觉。

（3）左转练习

两手叉腰，立正站好。头向左转动，下颌对准左肩，然后还原。运动员应循序渐进地加快速度，切实感受左转头时控制肌肉的感觉。

（4）右转练习

两手叉腰，立正站好。头向右转动，下颌对准右肩，然后还原。运动员应循序渐进地加快速度，切实感受右转头时控制肌肉的感觉。

（5）左侧屈练习

两手叉腰，立正站好。头向左侧屈（左耳向左肩的方向），然后还原。

（6）右侧屈练习

两手叉腰，立正站好。头向右侧屈（右耳向右肩的方向），然后还原。

3. 上肢姿态

（1）手型

①掌

竞技健美操基本掌型由五指分开手型和五指并拢手型组成。五指分开手型的基本要求是五指伸直用力到指尖，尽量分开至手掌的最大面积且在一平面上；五指并拢手型的基本要求是五指并拢，大拇指第一指关节略弯曲，其他四指伸直，五指保持在同一平面内。竞技健美操运动员应按照基本掌型的相关要求控制好掌型，在此基础上学习各个平面的掌型。

②拳

竞技健美操运动中的拳比其他手型呈现出的动作力度感觉更加显著，实心拳就是具有代表性的拳。

③指

在竞技健美操的发展过程中，指的手型动作逐步产生，剑指就是一个代表，具体动作要点是大拇指、无名指和小拇指弯曲，食指和中指并拢伸直。

④特殊风格手型

在竞技健美操音乐多样化的影响下，竞技健美操运动员表现自身风格的手型动作同样呈现出多样化的特点。在竞技健美操运动积极汲取各类文化的过程中，西班牙手型和阿拉伯手型等特殊风格的手型相继产生。

（2）手臂练习

①两臂上举

两臂经前绕至上举，双臂间距与肩同宽。

②两臂侧举

两臂经侧绕至侧举，掌心可向上或向下。

③两臂前举

两臂由下举向前绕至前举，两臂间距与肩同宽，五指并拢或分开，掌心相对或向上、向下、握拳等。

④两臂后举

两臂经前向后绕，至后下举，手臂尽量向后，臂距与肩同宽。

⑤两臂前上举

两臂经前绕至与前举和上举夹角为45°的位置或前侧上举。

⑥两臂前下举

两臂经前绕至与前举和下举夹角为45°的位置或前侧下举。

⑦两臂胸前平屈

两臂屈肘至胸前，大小臂都与地面平行，前臂平行于额状轴，小臂距胸10厘米左右。

⑧双臂侧举屈肘

双臂侧举同时屈肘，使前臂和上臂成90°。

4. 躯干姿态

（1）躯干稳定性

负重仰卧起坐和健身球俯卧撑都能提高竞技健美操运动员的躯干稳定性。具体来说，竞技健美操运动员仰卧，两手持实心球控制在胸前，使球尽量接近下颌。运动员可根据个人实际肌力水平，采用不同重量的实心球（一般采用2—3千克的）。运动员学习和训练的时间达到一定长度后，建议循序渐进地增加实心球的重量。由仰卧至起坐的过程是腰腹肌做克制（向心）工作，完成时速度要稍快些，由坐起再返回到仰卧姿势，腰腹肌则是做退让（离心）工作，身体回倒时速度放慢，通常控制在起坐时间的一倍为宜，倘若速度过快，则动作的实质应当以重力完成，如此会使腰腹肌锻炼成效弱化。因为负重仰卧起坐练习的收缩强度偏大，所以运动员要合理控制负荷重量与起坐速度。

（2）躯干灵活性

做左右依次提肩、提两肩，左右依次前后绕肩和双肩同时绕等肩关节运动。

做顶髋和绕髋等髋关节运动。

做躯干前后左右移动练习。

（三）身体弹动教学

1. 踏步

（1）直立踏步

上体直立，脚踏下时脚尖过渡到全脚掌落地，支撑腿落地时膝关节伸直，两臂屈肘于体侧自然前后摆动。

（2）弹动踏步

根据音乐节拍踏步，手臂配合下肢依次前后摆动。踏步动作过程中摆动腿屈膝抬起时，支撑腿同时微屈膝，摆动腿落地时支撑腿也伸直。学习弹动踏步时，可以先慢节拍进行练习（如两拍一动），根据熟练程度逐步加快节奏。在完成直立踏步练习的基础上完成弹动踏步练习，从而切身感受各种动作的感觉。

2. 蹬、伸

（1）基本蹬伸

一脚踏在踏板上，然后用力快速向上蹬直，保持身体垂直轴的控制，两腿依次进行。

（2）负重蹬伸

小腿绑沙包做蹬伸练习，使身体在增加负荷的情况下进行练习。两腿依次进行，反复练习。

（3）原地髋、膝关节弹动性

两脚并拢，脚随着音乐节奏抬起落下，同时膝关节伸直屈伸，脚跟始终不离开地面，两臂屈肘于体侧自然地前后摆动。

3. 踢、跳

（1）弹踢

一条支撑腿膝踝关节弹动的同时，另一条腿有控制地进行弹踢小腿，膝踝关节有控制地伸展。可进行单腿不间断地弹踢，也可两条腿交替练习。在两条腿交替弹踢的过程中，支撑腿踝关节始终保持有弹性的屈伸，原地动作练得熟练且有一定弹性时，可以进行行进间的弹踢训练。

（2）弹动纵跳

弹动纵跳动作共4拍。1、2拍原地屈膝弹动，手臂配合下肢同时前后摆动。3拍向上纵跳，手臂顺势上摆至上举。4拍落地缓冲，手臂顺势下摆至体侧。

（3）原地连续小纵跳

两脚并拢，足尖始终不离开地面，足跟随音乐节奏抬起落下，两臂屈肘于体侧前后自然摆动，做踝关节屈伸的训练。

（四）移动重心

1. 原地移重心

（1）向前移重心

立正，两手叉腰。左腿前擦地，右腿蹬地重心迅速前移成右腿后点地，收右腿还原成预备姿势，反方向重做一次。参与这项练习的运动员应确保自身达到几项要求，即两腿伸直、蹬地移重心、保持上体姿态、脚面外翻。

（2）向侧移重心

立正，两手叉腰。左腿侧擦地，右腿蹬地重心迅速侧移成右腿侧点地，收右腿还原成预备姿势，反方向重做一次。两腿伸直、蹬地移重心、保持上体姿态、脚面向侧是运动员应当达到的要求。

2. 跳移重心

（1）并步跳移重心

左脚前三位站立，两臂侧举。左脚向前上步，同时稍屈膝，重心随之前移。接着左脚蹬地跳起，同时右脚向左脚并拢，空中成三位脚，右脚落地。在参与练习的过程中，运动员要保持挺胸、收腹、立腰的上体姿态，同时科学地控制身体重心。

（2）剪刀跳

采用剪刀跳的动作形式，左右剪刀跳连续进行，身体重心始终保持左右平移而没有上下起伏。在学练时，两脚都不离开地面，通过两腿膝关节的依次屈伸左右平移身体重心，然后加上跳步进行剪刀跳的练习。同时，注意保持好上体姿态，挺胸、收腹、立腰，控制好重心。

二、竞技健美操难度动作教学

（一）旋腿与分切类难度动作教学

1. 直角支撑成仰卧

双杠上，运动员两臂伸直支撑身体，含胸收腹，抬头，两腿并拢。两腿慢慢前伸，两脚分别放于地面，至身体伸直，身体后收至开始位置，反复重复练习。当运动员充分掌握技术动作后，应由双杠逐步过渡至地面，在腰腹肌能力逐渐增强的基础上，双腿前伸时逐渐并拢，逐步达到技术动作对应的要求。

2. "直升机"

（1）摆动绕环

分腿坐于地面，前腿摆动过身体使另一条腿迅速跟上摆动，形成两腿均摆过身体成 360° 圆周。三个一组，练习三组。

（2）顶肩

仰卧于地面，两肩向上顶起，练习肩关节灵活性和力量。在动作训练过程中，注意肩关节主动向上顶。三个一组，练习三组。

（3）顶肩成俯撑

仰卧于地面，依靠肩、髋关节的转动带动身体转动成俯撑姿势。在动作训练过程中，注意肩关节主动向上顶，同时扣肩、含胸，双臂撑地完成动作。三个一组，练习三组。

（4）完整动作练习

当竞技健美操运动员完成摆动绕环、顶肩以及顶肩成俯撑后，建议其着手参与完整的"直升机"难度动作的训练，但要保证在动作过程中身体夹角不大于水平面上 45°。

（二）支撑类难度动作教学

1. 分腿支撑

（1）他人辅助训练

身体略微前倾，含胸、收腹、抬头，屈髋分腿，两腿分开至少 90°，两手略微外开支撑地面，两臂伸直。

辅助者抬起运动员双脚且保证其与髋呈一条直线，促使运动员双腿与地面呈平行关系，同时使运动员的支撑时间逐步增加。当运动员腰腹肌力量和下肢力量呈现出强化趋势后，辅助者双手应逐步脱离运动员，使运动员逐步具备独自完成技术动作的能力。

（2）平衡木辅助训练

身体略倾，含胸、收腹抬头，两手略微外开支撑于平衡木、两臂伸直，屈髋分腿，双腿分开至少 90°。

两臂支撑起身体，两腿伸直尽量保持与地面平行，循序渐进地延长支撑控制时间，促使运动员更好地控制肌肉。当竞技健美操运动员的控制能力和技术动作有所改善后，通常建议其过渡到在地面上完成练习，并保证各项技术动作达到相关要求。

2. 分腿高直角支撑

竞技健美操运动员参与分腿高直角支撑练习时，可以同辅助者配合完成，具体的练习步骤是：首先，运动员含胸、收腹，下颚加紧。其次，运动员双臂伸直支撑身体，身体略微后仰。再次，运动员屈髋分腿举起向上呈"V"字（垂于地面），贴近于胸。最后，辅助者站在运动员身后，两手握住运动员的两脚，保持身体姿态。

对于配合竞技健美操运动员完成这项练习的辅助者来说，当运动员熟练掌握技术动作、支撑时间有所增加时，应慢慢放开双手，促使运动员逐步具备独自完成技术动作的能力且达到相关动作要求。

3. 直角支撑

直角支撑可通过双杠进行过渡训练。具体来说，运动员两臂伸直，两手撑于双杠支撑起身体，身体略微向前倾，含胸、收腹、抬头，两腿伸直并拢抬起，尽最大努力和地面呈平行关系，循序渐进地延长支撑时间。当运动员能够娴熟地运用各项技术动作后，应慢慢转移至地面上完成练习。当竞技健美操运动员的腰腹肌力量和髂腰肌力量逐步增强后，技术动作也会和竞技健美操动作的相关要求越来越相近。

（三）跳跃类难度动作教学

1. 屈体分腿跳

（1）两脚并拢原地纵跳

两脚并拢，屈膝发力向上起跳，两臂顺势从腰间向上摆动，两脚并拢落回原位。辅助进行练习。

（2）屈体分腿跳

两脚并拢，屈膝发力向上起跳，空中呈屈体分腿姿态，两脚并拢落回原位。组织和开展这项难度动作练习的教练员应优先发展运动员的腿部力量和脚踝关节的爆发力，当运动员跳起高度达到相关要求后，再开展空中姿态训练活动。

（3）空中姿态地面练习

仰卧于地面，臀部着地，通过腹肌收缩，上肢和下肢同时向上，可以进行屈体分腿姿态的练习。

（4）团身跳

两脚并拢，屈膝发力向上起跳，空中两腿屈膝团身，膝关节尽力向胸部靠近，两脚并拢落回原位。

2. 转体 360° 团身跳接纵劈腿

（1）上步控制练习

先单腿上步站立，使整个身体站稳，体会垂直轴的控制。保护者站在运动员背后一步距离左右，用两手扶住运动员的腰部，使其重心提高。

（2）单腿转体 180° 逐步变成单腿转体 360°

单腿转体练习，提高身体垂直轴控制能力，双腿并拢开始，做单腿转体180° 练习，随着能力的增加进行转体 360° 练习。

（3）跳起 360°

注意身体垂直轴的控制，收腹立腰，抬头挺胸，肩关节放松下沉。

（4）团身跳后应该先练纵劈腿跳，然后再过渡到纵劈腿跳落地

运动员跳起成团身姿态，再在空中迅速分腿，两腿成纵劈叉姿势，然后缓冲落地，练习者每次应完成 10 个左右。运动员在团身跳的过程中，尽最大努力上抬膝关节，减小大腿和腹部之间的角度。纵劈腿的空中姿态尽量保持脚尖膝盖伸直，两腿开度增大。

（5）转体 360° 团身跳接纵劈腿落地

运动员完成以上四步练习后，再完成转体 360° 团身跳接纵劈腿落地的难度动作练习。需要注意的是，运动员要确保身体躯干稳定，有效控制落地缓冲。

第六节　竞技健美操表现力教学

表现力对很多项评分类竞技项目的最终得分都有重要影响，竞技健美操为使健美操运动的健身性特点与阳光性特点更加显著，会科学评价和判定参赛运动员的表现力。所以，竞技健美操教练员在科学指导运动员学习和运用基本动作和难度动作的同时，要着重培养运动员的表现力。

竞技健美操中的表现力是指练习者通过自身的感知力、理解力和观察力等素质，将健美操动作和音乐的内涵转化为内在情感，然后通过身体姿态、技术动作和面部表情等方式持续展现出吸引观众的感染力。对于竞技健美操运动员而言，其外在动作和内在精神气质均是表现力的统一反映。本节着重对竞技健美操表现力教学的教学方法加以阐述。

一、表情法

表情法是指运动员有意识地改变自身的面部表情。对于绝大多数竞技健美操运动员来说，熟悉竞技健美操技术动作和形体等方面的训练后，就有必要有目的、有意识地强化面部表情训练，原因在于面部表情训练对竞技健美操运动员的表现力水平至关重要。就一场势均力敌的竞技健美操比赛来说，在参赛双方动作技术水平相当的情况下，裁判会依据参赛者的面部表情来评分，观众同样会就队员表情做出具体评价。因此，竞技健美操运动员的每个眼神、每个笑容、每个表情变化都至关重要，都会直接影响最终的比赛成绩。

在竞技健美操表现力教学中运用表情法的意义是：通过面部表情训练，使运动员熟练掌握有效控制面部表情变化的方法，进而确保其在参赛过程中同样能自如地控制和调节面部肌肉，通过自信阳光的微笑满足观众的审美需求。提高竞技健美操运动员表现力的表情法主要有以下三种手段：

（一）对镜训练法

对镜训练法是指运动员对着镜子训练自身的面部表情的方法。具体来说，运动员对着镜子做各种各样的表情能有效地锻炼和控制自身的脸部肌肉，也有助于仔细揣摩哪种表情能对观众产生更大的吸引力，进而对这种表情进行反复的练习。

（二）眼神控制法

控制眼神是表情训练中的一项重要内容。竞技健美操运动员认真参与眼神训练能使其眼部周围肌肉得到有效锻炼，进而使眼睛更富神采。同时能有效控制身体姿态且眼神富有感染力的竞技健美操运动员往往能把内心情感充分地流露出来，也能顺利实现内外合一的理想效果。基于此，竞技健美操运动员的表现力也会获得大幅度提升。

（三）赛中调节法

参赛运动员通过调节面部表情来调整自身竞技状态的方法，即赛中调节法。对于即将参与竞技健美操比赛的运动员来说，在赛前极易产生紧张情绪和焦虑症状，这种情况下，建议运动员适当放松面部肌肉，借助手部轻搓面部即可使面部肌肉放松下来；对于赛前情绪低落的竞技健美操运动员来说，建议有意识地增加微笑次数，无法摆出笑脸的运动员可以观察正在微笑的其他人，有意识地想想令人开心的事也可以。这些方面都是竞技健美操运动员自如控制面部表情的有效方法，有助于参赛运动员呈现出最佳状态。

二、观察法

观察法是指利用外部媒介展开直观观察，由此发现不足并实施有针对性的改正，最终增强竞技健美操表现力的训练方法。采取观察法的竞技健美操教练员往往会用到录像与镜面这两种外部媒介。

（一）录像观察法

录像观察法是指借助摄影摄像等现代化设备来协作训练。具体来说，录像观察法就是指利用外部媒介记录练习者表现，并在此基础上把运动员在训练过程中的问题直观表现出来，由此推动运动员快速而精准地发现和改正自身问题，最终使运动员训练水平有所提升的一种方法。

录像观察法对竞技健美操表现力教学产生的积极作用如下：一方面，能使运动员直观认识到自身动作上的问题和不足，推动运动员更加清晰明确地改正动作，改善教练员培养运动员观察能力的实际效果，进一步把运动员主观能动性有效地调动起来；另一方面，录像观察法能打破时间局限性，快速而准确地记录短时间内发生的情况，从而使运动员清晰地看到自身完成动作的协调程度、到位程度、实际力度、节奏感强弱以及是否优美，同时能使运动员清晰地看到自身面部表情是否合理自然，最终达到发现问题和改进不足的目的。

（二）镜面观察法

镜面观察法是指运动员对着镜子观察自身技术动作、身体姿态以及面部表情等方面的训练方法。镜面观察法分为技术动作训练、身体姿态训练和面部表情训练三种类型。这种方法和录像观察法的实质相同，即均借助视觉感受观察训练情况。当录像设备不足时，镜面观察法不失为高效实用的方法。运动员借助镜子观察法评价自我表现，同时基于自身感受在主观层面适当调整技术动作、形体姿态和面部表情等方面的问题，最终有效改善自身的训练成效与表现力。

三、模仿法

基于具体需要进行相应模仿来提高竞技健美操运动员表现力的方法就是模仿法。被竞技健美操运动员广泛应用的模仿手段有模仿比赛和模仿特定场景。换句话说，也就是模拟训练法和情境模拟法。

（一）模拟训练法

模拟训练法是指在模拟实际比赛情况的基础上开展实战练习，从而增强运动员对比赛的适应能力。一方面，模拟训练法能增强竞技健美操运动员的自信心，促使其客观地认识自身实力；另一方面，模拟训练法能帮助运动员发现并纠正模拟训练过程中的问题，避免和调整运动员参赛前的不良心理状态，促使竞技健美操运动员的内心世界更加平稳，使竞技健美操运动员的应变能力和表现力得到有效增强。

（二）情境模拟法

情境模拟法是指在设置特定场景的基础上组织和指导竞技健美操运动员参与训练。在竞技健美操表现力教学中，教练员可以设定任意场景，并要求运动员借助肢体语言完成相应的表演，如要求运动员模拟动物姿态和生活中特定场景等。模拟训练的方法如下：

1.设置环境训练法

设置环境训练法的宗旨是促使竞技健美操运动员在任何环境、任何时间、任何场合均可将自身的正常水平发挥出来。供竞技健美操教练员选用的可行性方法有：在不同场馆开展教学实践活动或改变日常训练的方向；合理改变训练时间与训练场地；有目的地组织运动员观看各类竞技健美操赛事。

值得一提的是，运用设置环境训练法的教练员要密切关注运动员是否适应发生变化的环境场地。

2.模拟比赛环境法

第一，竞技健美操教练员在日常训练场地上根据正规比赛要求画线，同时合理设置虚拟的主席台，明确指出参与套路练习的运动员要根据正规比赛程序进行。

第二，竞技健美操教练员严格遵循点名上场、下场报分的要求，逐步实现运动员适应能力稳步增强的目标，进而使运动员的比赛恐惧感逐步消减。教练员在竞技健美操教学实践中科学融入比赛情境，有助于减轻参赛运动员的心理压力。

从整体来说，当竞技健美操教练员运用模拟比赛环境法开展相关训练时，竞技健美操运动员应当端正学习态度，而教练员应当密切关注运动员的具体反应和发挥水平，对运动员出现的问题加以指导。

四、培养法

培养法是指竞技健美操教练员综合培养运动员的健美操兴趣爱好与音乐修养等。对于竞技健美操运动员而言，表现力并非独立存在的一种能力；相反，表现力是多项能力的综合反映。因此，针对竞技健美操运动员开展的表现力训练不只是要高度重视专项技能训练的意义，也要把其他方面的训练置于重要位置。

诸多实践表明，全方位发展的竞技健美操运动员才能在比赛过程中正常发挥技术状态。所以说，科学培养竞技健美操运动员的综合素质尤为关键。促使竞技健美操运动员的综合能力得到增强，能为其自内向外地发挥表现力创造条件。培养竞技健美操运动员的综合能力应从以下两个方面抓起：

（一）培养广泛的兴趣

兴趣是个体个性倾向性的一种表现形式，兴趣包含稳定兴趣或不稳定兴趣以及广泛兴趣或专一兴趣等形式。对于竞技健美操表现力教学实践活动来说，倘若运动员对表现力教学呈现出稳定且专一的兴趣，就会促使其参与竞技健美操训练和比赛的主观能动性有所增强，由此会使其掌握技术技能的效率大幅度提升。同理，拥有广泛兴趣的竞技健美操运动员，其艺术修养、表演能力以及表现力会逐步增强。

竞技健美操教练员培养运动员兴趣时不应单方面培养健美操方面的兴趣，而应培养多方面兴趣，如此才能使运动员的艺术修养得以增强，审美情趣得以提升，良好形象思维能力逐步形成，个人修养和表现力有所提升。

（二）培养音乐修养

竞技健美操运动中的音乐发挥着至关重要的作用，从某种程度上来说，音乐是竞技健美操的灵魂。作为一名竞技健美操运动员，一方面要具备很强的音乐感受能力；另一方面，要具备准确把握音乐节奏的能力。所以说，教练员要有意识、有目的地培养运动员的音乐修养。

培养竞技健美操运动员音乐修养的具体策略是：指导运动员坚持听类型各异的音乐，由音乐逐步联想到具体的故事情境或者景色，由此更加精准地表达具体的情感；引导运动员反复揣摩音乐的内涵，认真剖析音乐的结构，深入探究表现音乐的最佳方式方法。

五、状态调节法

竞技健美操运动员在赛前出现情绪紧张和焦虑等不良反应时，往往会对其表现力产生直接影响。所以说，作为一名竞技健美操运动员，一定要逐步增强自身调节不良反应的能力。具体调节方法如下：

（一）鼓励调节法

针对赛前出现紧张和焦虑的运动员，建议教练员选择称赞性语言和忠告性语言对运动员心理活动产生正面影响，进而使运动员逐步脱离紧张情绪和焦虑反应。只有消除和摆脱紧张情绪与焦虑反应的竞技健美操运动员，才能在赛中有稳定发挥，取得好的成绩。

（二）自我调节法

通常建议竞技健美操运动员在赛前运用积极的语言暗示自己和鼓励自己，促使这些语言发挥出稳定情绪、增强自信心、使自身实力充分表现的作用，被竞技健美操运动员广泛应用的语言有"相信自己一定会取得胜利""努力做到更好，不断提高，超越昨天的自己"，等等。

（三）呼吸调节法

对于绝大多数竞技健美操运动员来说，深呼吸练习能使他们的紧张情绪逐步消除。深呼吸练习的具体做法就是缓慢地呼气和吸气，通过长吸气和有力的呼气练习提高情绪兴奋水平，稳定运动员情绪，增强运动员的自信心，最终使参赛运动员呈现出最佳状态。

六、组合教学法

（一）激情组合教学

激情组合教学法是情绪调动训练中运用频率最高的方法，具体是指教练员借助某段具有代表性的艺术表现形式调动运动员的主观能动性。举例来说，教练员可以播放高水平竞技健美操运动员的比赛视频，以此有效地吸引运动员的注意力，促使运动员成为竞技健美操表现力教学的积极参与者。

（二）自信组合教学

组织和开展竞技健美操表现力教学的教师要在最佳时间段内提醒运动员完成动作时确保身体姿态达到正确性要求和优美性要求，要求运动员始终保持良好的面部表情和自信满满的眼神，尽全力把竞技健美操运动的良好精神风貌彰显出来。

（三）风格表演组合教学

教练员播放几首风格明显的音乐，要求竞技健美操运动员配合相应的想象动作完成集体训练，逐步培养和增强运动员把动作和音乐充分融合起来的能力。

七、专项技术教学法

从本质上来说，竞技健美操表现力教学是将专项技术教学作为核心内容的。倘若竞技健美操运动员的专项技术水平有待提高，那么即便音乐制作、动作编排以及运动员面部表情训练付出了很大努力，运动员也很难获得教练员、裁判员以及观众的高度认可。

具体来说，专项技术教学法是指将健美操基础技术作为着手点，科学而高效地开展运动员表现力教学。这套教学法往往会从以下两个方面着手：

（一）技术动作教学

对于竞技健美操运动员来说，专项技术动作是其表达个人思想和情感的首要窗口，也是其他所有表现因素的基础和前提。就技术动作教学来说，具体是指运动员把运动解剖学、运动生理学、运动生物力学、运动心理学等科学原理及规律设定为依据，在此基础上运用最科学有效的作业程序和方法进行教学的过程。对于竞技健美操教学而言，技术动作教学是核心性内容，所占比重比其他内容多很多。竞技健美操运动员高效参与技术动作教学，有助于其熟练掌握各类操化动作和难度动作，逐步增强其对动作、节奏以及韵律的实际感受，由此实现提高动作质量水平、增强技术动作感染力以及提高自身表现力的目标。技术动作教学主要由基本教学和提升教学组成。

1. 基本教学

具体来说，竞技健美操基本教学由基本技能和基本动作组成。一般情况下，建议参与竞技健美操基本教学的运动员通过认真参与基本步伐练习、徒手体操练习、健身健美操练习、基本动作练习、难度动作练习以及成套动作组合练习，逐步提高肌肉本体感觉和运动节奏感、韵律感。

2. 提高教学

提高教学要求竞技健美操运动员在参与完基本教学的基础上进行这项训练，该教学活动旨在使竞技健美操运动员进一步复习和巩固基本训练内容，逐步达到熟练掌握和运用的要求，同时慢慢朝着高、新、难动作学习和训练的阶段迈进。与基础教学阶段相比，提高教学阶段的运动强度和运动密度都有所增加，其目的是促使竞技健美操运动员熟练掌握各项动作，并使各项动作平稳发挥出来。

（二）身体素质教学

就竞技健美操运动员的身体素质来说，不但是其具备完美表现力的基础条件，而且是其技术水平大幅度提高的基础条件。在竞技健美操表现力教学中，教练员应有意识、有计划地培养运动员的柔韧性、力量、协调性、灵敏性、准确性等素质。

第七节　竞技健美操的创新发展

一、坚定项目文化方向

1. 构建与竞技健美操特征相契合的运行机制

为确保竞技健美操的合理发展，相关单位需结合具体情况，制定并实施具有针对性的运营策略。该策略应摆脱传统模式的桎梏，更符合竞技健美操的特殊性质与发展目标。同时，应建立可持续发展的长远观念，不仅要考虑当前的利益，还要关注未来的趋势和发展。

2. 运用现代互联网科技，加强竞技健美操文化建设

在当前的信息化社会，竞技健美操需要巧妙地借助现代互联网科技，进一步推动文化建设。通过应用现代科技手段，可以显著提升竞技健美操的公众认知度和影响力。同时，需要从社会文化土壤、制度保障、大众生活参与等角度出发，全面评估竞技健美操项目文化的发展目标，使其更好地融入社会，并为大众所接受和喜爱。

3. 深度挖掘竞技健美操的特色、组织文化与团队精神

竞技健美操队伍需要充分挖掘其独特的项目特色、组织文化和团队精神，以运动员为主体，展现出团队间的协作能力和卓越的精神风貌。这种方式可以充分展现竞技健美操队员之间的协作和团队精神，同时让公众看到运动员在赛场上展现出的拼搏进取的精神风貌，进而赋予竞技健美操独特的魅力。

4. 以各类赛事为媒介，扩展受众范围，深化文化传播

通过举办各种赛事活动，将竞技健美操推向更广大的观众群体。同时，深化文化传播，使更多人理解和认识竞技健美操的文化内涵和特性。通过扩展受众范围，提升竞技健美操的知名度，进一步推动其发展。

二、激发内生动力

竞技健美操的发展受制于学校管理层，因此必须激发主体因子的积极性。秉持以人为本的科学发展观念，是解决主体自身可持续发展问题的关键举措。我们必须关注运动员的切身利益，提高他们的积极性和参与程度；需要创建对其有利的内部发展环境以及外部支持条件，主要包括提供资金支持、建设完备的基础设施、优化教练团队等，为运动员提供更好的培训和发展平台；为了确保竞技健美操的绩效目标得以有效实现，需要健全绩效评价系统，要构建科学且合理的绩效评价指标体系，并严格实施，同时要强化对各环节执行情况的有效监督；竞技健美操若要适应社会主义市场经济的发展，应积极鼓励多元化的社会资本进入。这将为其提供更加丰富的资源和发展机会，增强其内在发展动力，推动其可持续发展。

三、完善相关法规机制

竞技健美操的发展应紧密结合国家政策方向。我国政府高度重视和支持竞技健美操的发展，我们必须以国家政策为导向，充分利用这一优势，推动竞技健美操的可持续发展。为了实现这一目标，需要制定针对性的行为规范和奖惩机制。这些规范和机制应明确规定教练员、运动员和管理人员的职责和权利，同时对其行为进行有效的约束和监督。这样可以提高教练员、运动员以及管理人员的积极性和创造性，激发他们的工作热情和拼搏精神。此外，还需要严格把控教练员的入职门槛及考核机制。只有具备专业素质和职业道德的教练员才能进入竞技健美操领域，确保其专业水平和工作能力不断提高，可以为竞技健美操的可持续发展提供强有力的人才保障。

第四章　健美操教学的创新优化

　　本章为健美操教学的创新优化，依次介绍了健美操教学的新思想与新理念、健美操教学创新发展的具体内容、健美操俱乐部教学创新模式研究、健美操教学中的音乐运用、健美操教学中的信息技术应用、健美操教学的未来展望六个方面的内容。

第一节　健美操教学的新思想与新理念

一、健美操教学的新思想

（一）以人为本思想

1. 以人为本的内涵

以人为本的教育管理理念着重强调学生的全面发展，该理念要求尊重学生的需求，发挥学生的积极主动性，并使学生将个人目标与教育目标有机结合，从而达到教育的根本目的。在这种理念的指导下，健美操教育与管理工作应从学生成长与成才的角度出发，以育人为核心，不断完善教育理念与教育方法，需要了解并尊重学生的成长发展趋势，因势利导，最大限度地发挥学生的主观能动性。

具体而言，健美操教育与管理工作应注重以下两个方面：

首先，应尊重学生的个性差异。每个学生都具有各自的个性特点和优势，健美操教育与管理应当尊重学生的个性差异并因材施教，由此让学生在学习过程中可以充分发挥自身优势，最终达到全面发展的目的。

其次，应培养学生的自主性。学生是学习的主体，健美操教育与管理应当培养学生的自主性，由此让学生在学习过程中主动思考、主动探索、主动实践，从而提高学生的学习能力与创新能力。

2. 以人为本思想的贯彻

（1）培养学生的主体意识

在教学过程中，学生的主体意识对于教学成功具有重要影响。为了培养学生的主体意识，教师可以采取以下几个方面的措施：首先，教师应该尊重学生的意见和想法，鼓励学生表达自己的见解，并及时给予学生有效的反馈和建议，以促进学生思考能力和表达能力的发展，增强他们在学习过程中的自信心。其次，教师应该采用多样化的教学方法和手段，激发学生的学习兴趣和动力，引导学生深入思考和探究问题。例如，可以使用情景模拟、案例分析、小组讨论等不同的教学方法，帮助学生掌握所学知识，并将其应用于实际生活中。最后，教师应该与学生建立积极互动的关系，关注学生的情感和心理健康，并帮助他们解决学习和生活中的问题和困难。这种关系可以增强学生对教师的信任程度，并进一步增强其与教师之间的交流和互动效果。

（2）设置合适的课程内容

教师可在健美操教学中实施分解教学策略，从基础动作和分解动作着手，强调动作的细节与要领，协助学生掌握正确的动作形态与技巧。同时，教师可结合自身的教学经验和学生的现实情况，探索适合学生的教学方法与手段，如利用视频资料、教学示范等工具，协助学生深化理解和掌握动作。

此外，教师还可以组织与健美操相关的健康讲座，使学生更深刻地了解学习健美操的优势，强化学生对于健美操在身体健康、心理健康方面等正面的影响的认知。教师还可以尝试将其他舞蹈元素，如街舞、拉丁舞等与健美操结合，这将提高学生的兴趣和参与度，同时为健美操注入新的元素和活力。

（3）建立多元化的教学评价体系

评估学生成果是教育过程中的核心环节。针对健美操学习成果的评价，不能仅依赖于学生完成动作的表现，而应该综合考量学生学习前后的水平以及内在素质。在健美操教学中，要注重学生的全面发展，培养学生的内在美。这不仅要考虑学生的技术水平和表演能力，还要考虑学生的学习态度、团队合作精神和自信心等素质。因此，必须全面评估学生的多方面表现，而非仅关注他们在健美操练习中的动作完成情况。

（二）终身体育思想

1.终身体育的内涵

终身体育思想在健美操教学中有助于培养学生的终身体育观念和认识，增强学生对体育活动重要性的理解，从而使学生积极主动地参与体育锻炼。通过健美操教学，教练员可以引导学生形成良好的锻炼习惯，提高学生的身体素质和心理素质，促进学生身心健康发展。

为了在健美操教学中明确终身体育的价值和重要性，我们需要合理融入终身体育思想。具体来说，可以从以下两个方面展开：

一是制定明确的教学目标。在健美操教学中，应注重培养学生的运动技能和运动素质，帮助他们掌握正确的健美操技巧和锻炼方法。

二是引入多样化的教学内容。为了激发学生的学习兴趣和热情，可以引入多种不同的教学内容，如基础健美操、舞蹈健美操、竞技健美操等，让学生自由选择感兴趣的项目进行学习和锻炼。

2.终身体育的特征

（1）终身性

终身体育就是将体育锻炼贯穿于个体生命的始终。这意味着，一个人应该保持对体育锻炼的兴趣和习惯，将其作为人生规划的一部分，这样才能真正让体育融入日常生活。通过参与体育锻炼，个体可以不断实现自我提升和创新发展。

（2）自主性

终身体育是指个体在生命周期内持续参与体育运动，不受时间和空间限制，以自主选择运动项目和自我控制运动负荷的方式进行锻炼。其组成包括学校体育、家庭体育和社会体育，是具有社会、健身和美学价值的综合性运动方式。学校体育主要通过体育教学、课余体育活动等形式培养学生的运动技能和习惯；家庭体育则是通过家庭成员之间的互动和引导，形成家庭运动氛围，从而促进家庭成员的运动习惯；社会体育则通过公共体育设施、健身俱乐部等渠道为个体提供多样化的运动项目和社交机会。

终身体育的核心特征在于其自主性，即个体可以根据自身兴趣爱好、体能状况和运动需求等因素自主选择运动项目和运动负荷。这种自主性可以不受外部环境、年龄、地点和场合限制，使得个体根据自身需求随时随地开展体育运动。

（3）社会性

从深层次角度而言，终身体育是个体的体育生活和社会发展形成有机的联结，其目的在于提高身体健康水平，减轻学习压力，提高生活质量，将体育融入生活与工作，使其成为一种健康的生活方式。

（4）多元化

终身体育涵盖了各种各样的体育运动项目，包括竞技体育、健身体育、休闲体育等。这些项目不仅具有不同的特点和魅力，还可以满足不同人群的需求和喜好。人们可以根据自己的兴趣和身体状况选择适合自己的运动项目，从而更好地保持身体健康和心理健康。终身体育强调个体可以根据自己的实际情况选择不同的锻炼方式。不同的锻炼方式可以锻炼身体的不同部位，提高不同的身体素质。同时，锻炼方式可以灵活搭配，如力量训练搭配有氧运动，可以达到全面锻炼的效果。这种灵活性使得人们可以根据自己的需求和条件选择运动项目，从而更好地坚持锻炼。终身体育注重运动理念的创新性，鼓励人们不断尝试新的运动方式和理念。例如，近年来流行的健身 App（手机应用软件）和网络健身课程，让人们可以随时随地参与体育运动，不受时间和空间限制。另外，还有交叉训练、功能性训练等新的运动理念，让人们可以更好地发掘自己的运动潜能。

（5）目的明确

终身体育的目标聚焦于鼓励所有人借助有规律的身体锻炼来提高身体素质。另外，个体还可以根据个人发展目标有目的地调整锻炼计划，进而提升体育技能，优化生活质量。

（6）全民参与

终身体育并不是一个人的运动或者少数人的运动，而是通过广泛宣传，号召公众参与的运动。

终身体育思想和健美操运动之间存在极为密切的联系，是推动健美操教学不断发展的重要理论支撑。

3.终身体育思想的贯彻

（1）开发教学形式

在过去的健美操教学中，教师常常只运用了自由练习和指导等单一的教学方式，这使得学生容易感到厌倦。为了解决这一问题，教师应采取多样化的教学方法调动学生的积极性。例如，可以尝试带领学生走出课堂、组织体育比赛或小型活动、开展关于终身体育意识的讲座等。同时，我们应该认识到，健美操的锻炼并不受场地的限制，它可以在更自然的环境中舒缓学生的身心、放松自我、激发兴趣，从而提高锻炼效果。此外，它还具有培养学生良好的心理素质和提高自身免疫力等好处。因此，适当的教育和引导可以让学生全面了解健美操终身体育锻炼的好处，有利于帮助他们更明确地设定自己的体育锻炼目标。

（2）培养学生的学习兴趣

在健美操教学过程中，培养学生的兴趣占据至关重要的地位。为了有效地提升学生的学习热情，教师需要在了解学生实际情况和学习水平的基础上，选择简易学习的动作和组合练习，帮助学生逐步建立扎实的基本功。在基本功得到一定程度的巩固之后，进行成套的组合练习和动作练习，促使学生掌握健美操的基础知识和规律，逐渐提高其体能和技能水平。与此同时，教师不仅需要关注健美操动作的传授，还应讲解健美操本身的理论知识，以便学生更好地理解健美操的内涵和重要性。此外，教师还需要注重实践锻炼与理论知识的结合，在宣传健美操锻炼重要性的同时，提高学生的自我锻炼意识和体育锻炼认知。

以上教学方法和措施的实施，不仅可以进一步激发学生对健美操的兴趣和热情，还有助于培养学生的终身体育意识和习惯。同时，这些方法和措施还可以提高健美操教学的效果，并促进学生的身心健康和全面发展。

（3）提升学生的自我锻炼能力

在健美操教学中，培养学生的自我锻炼能力具有核心意义，不仅有助于提高学生的身体素质和健康水平，也有助于培养学生的自主性和创造性。通过培养学生的自我锻炼能力，可以为终身体育奠定坚实的基础，帮助学生成为更加健康和自信的人。教师应重视培养学生的认知能力，通过传授相关体育知识，使学生充分理解体育锻炼对身心健康的重要性，从而激发学习动力并发挥主观能动性。教师应着重加强对学生自我锻炼能力的培养，帮助学生建立良好的运动自控能力，使学生自主调整运动强度和时间，确保锻炼的科学性和有效性。此外，教师还需要努力将锻炼发展成一种自主性活动。这意味着要培养学生的自主锻炼意识和习惯，让学生自觉参与体育锻炼并从中受益。通过这种方式，学生可以更好地掌握锻炼技能和方法，促进身心良好发展。

二、健美操教学的新理念

（一）快乐体育理念

1. 快乐体育理念融入健美操教学的理论基础

（1）目标管理理论

目标管理理论由彼得·德鲁克提出，这一理论主张在教学的不同阶段设立不同层次的目标，重视目标作为管理的基础和指导，并强调以学生为中心的原则。

在该理论的指导下，我们应关注学生的情感变化，并考虑如何让学生在学习过程中体验到学习、合作、创造、挑战和提升等快乐因子。为此，我们需要采用特定的目标管理教学模式，将上述快乐因子融入教学中，使学生通过自身努力达到更高层次的目标，从而收获成功与自信。

（2）巴班斯基关于教学方法的分类

根据巴班斯基的教学方法分类，将快乐体育理念融入其中的教学法主要分为以下三类：首先是激发和培养学生学习动力型教学法。这类教学法注重调动和培养学生的内在动力，利用体育活动的乐趣和挑战性激发学生的学习积极性和参与意识。其次是促进学生自主学习和合作学习的活动型教学法。这类教学法强调培养学生的自主性，通过引导学生主动参与体育活动，独立思考和解决问题，鼓励学生在团队中合作学习，培养协作精神和合作能力。最后是教师引导与自我检验教学效果型教学法。这类教学法强调教师在教学中给予学生明确的学习目标和方法，同时引导学生自我检验教学效果，及时调整学习方法和进度，确保学习目标的达成。

2. 快乐体育理念融入健美操教学的实施

（1）以快乐体育理念为中心

快乐健美操教学以快乐体育理念为核心，强调在教学过程中贯彻快乐体育理念，使学生在锻炼身体和掌握健美操动作技术的同时，能够感受到运动带来的快乐，逐步养成良好的终身体育习惯。

（2）以激发学习兴趣的教学过程为前提

激发学生对健美操的学习兴趣可采用多种途径，可以设置一系列创新性教学环节激发学生的兴趣，如构建生动有趣的课堂教学情境、营造互动性的合作学习氛围以及设计竞争性的挑战环节等，这些都能有效地调动学生的学习兴趣和热情。另外，应积极引导学生参与实践活动，使他们充分体会到学习健美操带来的乐趣，在充满活力的节奏中学习和掌握新技能，从而获得成长的喜悦。

（3）以多样化的教学方法为手段

健美操学习涵盖理论知识和动作技术两个方面，评价指标主要包括难度、艺术性和完成度。因此，教师在健美操教学中应当注重培养学生的团队协作能力、创编能力和表现力。为了有效激发学生的学习兴趣，可以采用多种教学方法，如游戏法、小群体学习法、竞赛法、挑战学习法等。这些方法可以使学生在轻松愉悦的氛围中合作学习，充分发挥他们的创造力和表现力，掌握健美操技能和知识，并实现全面发展。

3.快乐体育理念融入健美操教学的设计

（1）教学过程设计

在健美操教学过程设计中，应充分考虑学生运动情感的规律，通过目标管理激发学生的学习热情。以下是具体的健美操教学过程设计思路：

在准备阶段，应采用富有趣味性的热身活动，如追逐游戏、接力比赛等，吸引学生的注意力，提高他们的兴奋度和参与度。同时，这些活动的设计应注重提高身体的温度和灵活性，为接下来的健美操动作做好生理和心理准备。

在基本部分，教学活动应着重于提供具有挑战性的练习活动，如小组创编、个人挑战等。这些活动不仅能吸引学生积极参与，也能让学生明确自己的学习目标，激发学习动力和创造力。在这个阶段，教师可设定两个目标进行教学：

目标一：挑战自我，提高动作难度。通过逐步提高动作难度，让学生在挑战中学习，不断突破自我，提高技能水平。

目标二：开发思维，不断创新，培养学生的团队合作能力。引导学生创编新的动作组合，发挥想象力，培养创新意识和团队协作能力。这样的教学活动能培养学生的探究精神和团队协作能力，同时提供一个展示自我才能的平台。

在结束阶段，应进行自我评价、小组评价和教师评价。通过这些评价，教师可以及时了解学生的学习情况和创新能力，为他们提供有针对性的反馈和建议。同时，学生能通过评价明确自己的优势和不足，以便在后续的学习中加以改进。此外，评价还能促进师生之间的交流和互动，为后续教学过程的优化提供参考。

（2）教学方法选择

①以体育游戏为主的快乐健美操教学方法

在课程的开始阶段，使用体育游戏作为热身活动，并将健美操的某项技术训练与体育游戏相结合，不仅可以激发学生的学习欲望，提高学生的健美操运动成绩，也可以增强学生体质。

②以音乐为主的快乐健美操教学方法

欢快的音乐对学生的学习具有积极影响。欢快的音乐可以调动学生的积极情绪，营造良好的教学氛围，同时有助于提高学生的健美操表现力。此外，欢快的音乐能够帮助学生更好地掌握动作的力度和节奏，从而促进学生协调能力的提升。因此，在健美操课程中，选择合适的音乐是非常重要的，能够让学生在快乐的氛围中充分展现自我。

③以舞蹈为主的快乐健美操教学方法

将舞蹈艺术中具有强烈感染力的动作技术引入健美操教学，不仅可以丰富教学内容，还能有效提升学生的艺术素养和动作表现力。同时，将现代舞蹈流行元素融入健美操教学中，有助于提高学生的艺术欣赏水平和审美意识。此外，教师穿着体现健美操美学特征的舞蹈服装授课，有利于培养出大方得体、自信心强的人才。

（3）教学评价制定

快乐体育理念下的健美操教学评价更重视学习过程。这种新的评价方式着眼于学生的进步和成长，主要变化包括学生的进步过程评价、创编能力评价和学生的学习兴趣评价。

首先，学生的进步过程评价是快乐体育理念下健美操教学评价的重要组成部分。这种评价方式关注学生在整个学习过程中的表现和进步，而不只是期末成绩。通过对学生每个阶段的课堂表现、技能掌握、学习态度等方面的评价，教师可以及时发现学生的问题并给予指导，同时能够鼓励学生积极参与到学习过程中来，更好地体验健美操带来的快乐。

其次，创编能力评价也是快乐体育理念下健美操教学评价的一大特点。快乐体育理念下的健美操教学注重学生的创新能力和思维能力的培养。对于学生创编能力的评价也成为一个重要的评价指标。这种评价方式可以激发学生的创新意识，培养学生独立思考和解决问题的能力，同时能够提高学生的参与度和积极性。

最后，学生的学习兴趣评价也是快乐体育理念下健美操教学评价的关键部分。快乐体育理念下的教学则注重学生的情感体验和个体差异。通过对学生学习兴趣的评价，教师可以了解学生对健美操的喜好程度和学习动力，从而更好地调整教学内容和方法，提高教学效果和学生的学习效果。

在快乐体育理念融入健美操教学的过程中，可采取以下改进措施：终结式评价应替换为过程式评价，并贯穿于整个教学活动，其中评价内容包括动作技术、创编能力、学习兴趣等方面，评价手段采用教师评价、学生自评、学生互评等方式，目的在于监督和鼓励学生学习，提高教学效果。同时，需要强调评价标准和方法由单一向多元转变，采用相对性标准和绝对性标准相结合的方式进行评价，并构建包括教师评价、自我评价、小组评价等在内的整体评价系统。

（二）少教多学理念

1. 少教多学的定义

少教多学理念是一种具有先进性的教育理念，重视学生的主体性和参与性，并强调培养学生的多种能力。该理念主张教师在教学中不仅应传授知识或技术，还应利用各种教材和教学方法培养学生的学习、观察、思考、记忆、创意思维以及分析与综合的能力。

同时，少教多学理念也高度重视学生多学的重要性。学生多学是指懂得如何学习以及学习的目标是什么。在这种理念下，学生的学习能力需要得到教师的培养与提升。通过这种方式，教师可以让学生更加投入地学习，进而达到理想的教育效果。少教多学理念还追求深度学习，深度学习是指学生能够理解所学知识并将其应用于实际生活中。要实现这种方式的学习，需要教师和学生之间的互动质量得到提高。教师需要充分了解学生的学习需求和兴趣，关注学生的学习进度并提供及时有效的反馈和建议，以便学生更好地掌握所学知识，并转化为实际能力。

2. 少教多学理念在健美操教学中的应用

少教多学理念在健美操教学中的重要应用体现在以下两个方面：首先，需要强调学生的主体地位，学生的"学"应当成为教师"教"的服务对象。在健美操教学过程中，教师应积极及时地解答学生的疑惑，同时鼓励学生自我解决问题。当然，在必要时也要给予适当的指导，以免学生因无法解决问题而失去信心。其次，教师还需要注重培养学生的创造性思维和解决问题的能力，这样可以帮助学生在未来社会生活中更好地适应和应对各种问题。学会学习、合作以及发现问题和解决问题的方法对于学生今后融入社会具有极其重要的帮助。通过少教多学理念的应用，教师可以更好地激发学生的潜能和创造力，从而帮助他们发展为具有独立思考、创意实践和实践能力的人才。

在健美操教学中，引导学生进行合作学习具有极其重要的意义。通过互动交流，学生能够解决教学中遇到的难点，并顺利完成个人难以独立完成的任务。学生积极协助学习有困难的同学，共同寻找问题的解决方案，从而提升了合作学习的能力。同时，学生积极探讨较难的问题，不论是通过个人的探究还是借助集体智慧，都充分展示了对未知问题的探究精神。

在健美操教学中，教师还需要鼓励学生主动提出问题，敢于对教师和教材提出质疑。学生应具备独特的见解并敢于表达，这样他们才能在解决问题的过程中学会分析问题、解决问题的有效方法。

第二节　健美操教学创新发展的具体内容

一、教学观念的创新发展

随着时代的不断向前发展，以及学校体育教育改革的进行，我国学校体育教学的指导思想也发生了一定程度的变化。目前"健康第一""终身体育"已成为我国体育教学的指导思想，健美操运动的教学也应以此为指导。这就要求在健美操教学中，教师在教授学生健美操基本知识的同时，将教授学生健美操动作技能作为重点，为学生提供更多的锻炼机会，保证身体健康；教授学生健美操运动的动作技能，使学生掌握体育锻炼的技巧方式，为以后的终身体育打下坚实的基础。在健美操运动教学中还要注意以人为本，从学生的需求出发，根据学生的具体情况安排教学，保证健美操教学的科学性。

二、教学内容的创新发展

健美操运动的教学内容必须创新发展。健美操运动教学内容的创新发展要保留原有的教学内容，在此基础上增加对学生多种能力的培养，如健美操的欣赏和创编能力、健美操的实践和独立锻炼能力、健美操学习和分析解决问题的能力，提高学生的综合素质，以便学生步入社会能够应对严峻激烈的竞争。

休闲体育运动逐渐成为一种潮流和时尚，在休闲体育中，以健身、娱乐和兴趣为主题的健美操运动成为其重要内容，受到学生的喜爱和欢迎。健美操运动教学内容的创新发展应紧跟时代潮流，将这些时尚的大众健美操项目引入教学中，既能满足学生学习的需求，也能增强学生学习的激情和积极性，从而获得理想的教学效果。

三、教学方法的创新发展

在健美操教学中，运用多媒体等现代化手段进行教学直观性更强，能够让学生更清晰地掌握动作要领，增强教学的趣味性，调动学生学习的兴趣和主动性，促进健美操教学的发展。因此可以说，现代化教学方法的运用是健美操运动教学方法发展创新的方向。

要实现现代化教学方法在健美操教学中的有效应用，需要重视健美操教学，优化和改进健美操运动教学的设施设备。此外，健美操教师需要具备较高的综合素质，积极学习新事物和现代教学设备操作技巧，大力推广现代化教学方法在健美操运动教学中的应用。

四、教学能力的创新发展

（一）教学能力的创新意义

健美操教师肩负着重要职责，具备出色的教学能力是其必备的基本素质。在当前的社会环境下，健美操教学在目标上进行了重新调整和设定，自然对健美操教师的教学能力提出了更高的要求。因此，促进健美操教师教学能力的创新与发展具有重要的现实意义。

1. 确保教学整体效果的提高

随着社会化教学目标的确立，健美操教学在社会化元素的引入方面将得到加强，学生的学习方式也从接受式学习转变为自主性探究式学习。为适应这一发展趋势，教师必须具备高超的教学能力和教学技巧，以满足新课程教学的需求。因此，加强对健美操教师自身教学能力的培养，是适应全新的社会发展形势的重要手段，也是提高教学效果的必要条件。

2.满足健美操教学创新发展的需求

当前大众健身操运动呈现出繁荣发展的态势，然而人才短缺问题逐渐成为制约其进一步发展的关键因素。加强对大众健身操运动所需人才的培养，对于推动其健康、持续发展具有重要的支撑和保障作用。健美操教师承担着传授技能和培养素质能力的社会职责，引导和鼓励健美操教师全面创新教学能力，对于提升学生的健美操实用技能、缓解大众健美操运动人才短缺矛盾以及提高健美操教学的社会价值具有重要的促进和保障作用。

（二）教学能力创新的途径

健美操教师应当充分考虑与教学活动相关的诸多因素，以不断优化和提升自身的教学能力。根据健美操教学的实际情况以及当前大众健身操运动的发展趋势，可以从以下两个方面关注健美操教师教学能力的发展：

1.教师自身基本业务能力的发展

业务能力是教师不可或缺的专业素质，对于健美操教师而言尤其重要。健美操作为一门独特的艺术形式，要求教师具备深厚的理论素养、良好的讲解能力、卓越的示范能力、创新的编排能力和精准的教学过程把控能力等业务能力。理论素养作为健美操教师必备的基本素质，能够帮助教师深入理解健美操的内涵和精髓，从而更好地把握教学方向。讲解能力和示范能力是健美操教师最为核心的能力，它们直接关系着教学质量和学生学习的效果。教师需要运用简洁明了的语言进行讲解，同时通过准确、优美的动作示范引导学生学习和掌握健美操技巧。此外，编排能力和教学过程把控能力也是健美操教师不可或缺的业务能力。健美操教师需要根据学生的实际情况和教学目标进行动作套路的设计和编排，同时合理安排教学过程，确保教学质量和效果。健美操教师需要随教学需求的变化持续提升自身的业务能力，以提高健美操教学的整体效果。

2.注重对教师科研能力的培养

健美操教师的科研能力对自己教学能力的提升具有至关重要的作用。通过科学研究，教师能够深入了解健美操教学的最新研究动态和发展趋势，掌握前沿的教学方法和技术，从而提高教学质量和效果。同时，科研能力有助于教师对健美操教学体系进行创新，以适应不断变化的学生需求和社会发展。

五、教学考核方式的创新发展

健美操教学的考核也是至关重要的，它能检验健美操教学的质量和效果，促进健美操教学更好地发展。在进行健美操教学评估时，应避免过度依赖先天的能力因素，而要重视学生在学习过程中的进步和努力。我们应该强调形成性评价，鼓励学生进行自我评价并创编新的动作和套路。此外，应探索制定科学的创新评估体系，以便更准确地评价学生的学习成果。在制定评估体系时，应注意形成性评价与终结性评价之间的平衡，并强调学生的主体地位和作用。同时，健美操运动考核方式的创新和发展也应该注重科学的创新评估体系的制定。

第三节　健美操俱乐部教学创新模式研究

一、健美操俱乐部教学创新模式的含义

健美操俱乐部教学模式在高校健美操课程中发挥着重要作用。这种创新型的教学组织形式以"素质教育"和"健康第一"为指导思想，旨在培养学生的健美操锻炼方法及习惯，从而促进他们的身心健康以及终身体育意识的形成。在健美操俱乐部教学模式中，教师起到主导作用，他们不仅传授健美操技能，更要引导学生积极参与和自主学习。这种教学模式具有简单易行的特点，有利于激发学生的学习兴趣，提高他们的参与度和实践能力。此外，健美操俱乐部教学模式还注重培养学生的自主性学习能力和创新性思维。在教学过程中，教师应鼓励学生发现问题、解决问题，引导他们积极思考并尝试解决实际问题。这种教学方式有助于培养学生的独立思考能力和解决问题能力，为他们未来的发展打下坚实的基础。

健美操俱乐部教学模式强调对理论知识的教授，采取模仿俱乐部教练带操的方式，以简单多元化的健美操动作为主要内容，借助音乐引导学生进行身体锻炼。这种模式的目的在于增强学生体质、提高学生的学习兴趣以及培养学生的终身体育思想。此外，教师还需注重学生的个性化发展，同时传授知识和技能，培养学生的体育意识。为优化教学模式，实现更好的教学效果，教师还需要不断对现有的教学模式进行改进。

二、健美操俱乐部教学创新模式的价值分析

（一）满足学生的个性发展

通过健美操俱乐部教学模式的实施，学生的身心体验、活力得到有效增强，自主学习和个性化发展也得到积极促进。此外，学生的自信心和心理素质也显著增强。在教学过程中，教师应当鼓励学生坚持自己的选择并给予充分理解，同时注重心理素质的培养。

（二）有效提高学生的身体机能

在健美操俱乐部教学过程中，学生通过不间断的音乐伴奏进行大量训练，挑战自身的锻炼承受力并投入大量精力，从而有效地锻炼了心肺功能，并提高身体机能。

（三）有助于营造浓厚的体育氛围

在健美操俱乐部教学模式下，教师积极组织和开展各种体育竞赛活动，不仅能活跃和丰富校园文化生活，还能激发学生的参与积极性、竞争意识和团结协作精神。此外，这种教学模式还能促使学生不断拓展学习体育相关知识。

三、健美操俱乐部教学创新模式的应用

（一）与时俱进，科学制定教学大纲

健美操俱乐部教学需要科学地制定教学大纲、教学内容和目标。教学大纲的设计应主要依据俱乐部活动的特点，包括健美操教学、训练和比赛三个方面。在教学内容方面，应注重学生的主体性，以全面发展为主，同时培养学生的自主性和创新性思维，提高学生的综合素质。此外，应建立多层次、开放式的教学体系，实行跨年级、跨年度、混合分班教学模式，以便学生自由选择班级、教师和时间。在具体教学过程中，应注重学生的情感体验和能力培养，并根据学生的特点和兴趣进行有针对性的教学。同时，应积极引导学生自主学习和自我评价，帮助他们掌握正确的学习方法和技巧。

（二）贴近实际，丰富课程教学内容

健美操是一项广受欢迎的体育运动，因其独特的时尚特色而深受学生喜爱。为了满足学生的学习需求，学校应当选择贴近生活且具有时代特色的教学内容。随着健美操运动的发展和完善，传统健美操运动逐渐派生出多种特殊课程，如拉丁健身操、有氧搏击操等，这些课程逐渐进入公众视野，成为人们喜闻乐见的运动形式。为了顺应时代的发展，满足学生的求知欲望，学校应当丰富健美操俱乐部的教学内容，增设多元化课程，包括形体课、拉丁健美操、有氧搏击操等。同时，针对这些教学内容进行分层、分班教学，可以充分发挥教师的专长，从而吸引更多的学生参与健美操俱乐部教学模式。这种模式既可以激发学生的学习的积极性，又可以提升整体的教学效率。

（三）创新手段，运用多元教学方法

为了满足学生的学习需求，健美操俱乐部借助先进的信息技术，利用互联网平台进行教学内容的传授，不仅可以创新教学手段，而且能提高教学质量。在健美操俱乐部教学模式中，多媒体技术可以将抽象的教学内容以更加形象和具体的方式呈现给学生。教师通过多媒体技术上传录制的教学视频，以便学生通过观看学习健美操。在健美操俱乐部教学模式中，多媒体技术可以为学生提供更多更全面的学习资源，增强学生的体育意识，同时能够提升学生的体育成绩。为了满足学生的学习兴趣和求知欲望，教师需要依据健美操的特点制作高质量的教学视频，从而刺激学生的多重感官。这些视频包含健美操的技巧、细节以及背景知识等内容，以便学生更好地理解和掌握所学内容。

第四节　健美操教学中的音乐运用

一、将音乐运用到健美操教学中的价值

（一）对健美操有引导作用

音乐在健美操教学中发挥着至关重要的作用。它不仅作为健美操动作的重要引导，还对学生的兴趣、情绪和运动状态产生影响。音乐不仅能够配合健美操的

动作节奏，使动作更加丰富多样，也能激发学生的情感，提高学生的学习兴趣。流行曲目的变化也为健美操的动作创编带来了新的灵感，依据音乐的不同风格和旋律，创编者可以创编出具有时代气息的新动作，使健美操的内容更加丰富多样。

音乐与健美操的结合不仅锻炼了学生的身体，增强了学生的身体素质，也能陶冶学生的情操，培养学生的审美能力和艺术鉴赏力。通过音乐与健美操的结合，学生可以更好地理解音乐和舞蹈的韵律和节奏，提高自己的协调性和灵敏性，同时可以在运动中感受到美的力量和魅力。因此，在健美操教学中，应注重音乐的选择和运用，使音乐与健美操的教学完美地结合起来，达到更好的教学效果。

（二）激发学生的学习兴趣

健美操音乐，如打击乐和流行音乐等，因其独特的节奏和充满活力的特性与学生的精神状态高度契合，广受喜爱。这些音乐能够有效地激发学生的学习热情，使他们迅速进入健美操的律动状态，充分展现自我并释放青春的活力。

（三）提高学生多感官的协调性

健美操通过音乐、动作和位置变化的有机结合，能够有效地促进学生的多感官协调发展。首先，学生通过认真倾听音乐并配合节奏和动作的协调，能够提高其音乐感知能力和节奏感。其次，在健美操的练习过程中，学生需要观察并模仿教师的动作，同时对音乐节奏的变化进行关注，这有助于增强他们的视力和提升对细节的捕捉能力。此外，健美操中的动作和位置变化需要学生准确控制和协调身体动作，这种锻炼能够提高他们的肢体协调能力，增强运动自信心。更重要的是，健美操中的音乐、动作和位置变化需要学生快速并准确地处理来自多方面的信息，有助于提升他们的大脑信息处理能力，提升反应速度和决策能力。健美操中的配合和协调需要多个感觉器官的参与，这种锻炼能够促进这些感觉器官之间的协调运作，增强学生的整体感知能力和反应速度。

二、健美操音乐的特征、基本类型以及主要功能

（一）健美操音乐的主要特征

健美操音乐具有鲜明的节奏特性、富有变化的韵律感和沉淀的时代感，这些

特性使其能够满足健美操的特殊需求，并带给人更多的美的享受。健美操音乐通常具有明快且强劲的节奏和韵律，能够激发学生的激情与活力，协助他们更好地理解和掌握健美操的动作与节奏。同时，健美操音乐常会融入一些流行元素，这些元素能够使健美操的动作更为丰富多样，更具观赏性和挑战性。此外，健美操音乐还具有明显的时代感。不同的时代会有不同的音乐风格和流行元素，这些元素都会被融入健美操音乐中，使其更具时代感和流行性。

（二）健美操音乐的基本类型

健美操对音乐的选择具有严格的要求，其主要音乐类型可以概括为以下几类：首先以风格各异的爵士乐为代表，其独特的节奏变化、鲜明的音乐特色以及饱满的音调为健美操增添了更多的色彩。其次是迪斯科音乐，这种音乐由爵士乐演变而来，节奏明快、重复音节多的特点也为健美操注入了更多的活力。再次，摇滚乐也是健美操音乐的一大类型，其节奏转换明显，将快慢交织在一起，营造出一种摆动的强烈感觉，形式丰富多样，为健美操带来了更多的变化与动态感。最后是轻音乐，这种音乐以其轻松愉快的节奏和简单易懂的内容著称，具体涵盖了舞曲、电影音乐、流行歌曲以及多种民俗传统音乐等。

（三）健美操音乐的主要功能

在健美操教学中，应重视音乐的选择与运用，实现音乐与教学的紧密结合。音乐在健美操中不仅作为背景，更是表演的精髓所在。它能够调动观众的情绪，缓解身心疲劳，同时赋予健美操动作更丰富的音乐内涵。合适的音乐能够为观众带来独特的美感，同时帮助学生更快地掌握健美操的动作要领。音乐鲜明的节奏感和韵律感能促使学生更快地掌握动作要领，提高教学效果。

三、音乐在健美操教学中的运用

（一）课堂教学中音乐的选择

1. 音乐与动作风格的融合性

健美操音乐应具备强劲、动听、新颖的旋律，富于变化且节奏明快。然而，不同类型的健美操需要采用不同特点的音乐。例如，大众健美操具有广泛的群众性，其音乐选择应该简单、通俗且易于表现，不受专业音乐要求限制，力求新颖并具有时代感。

2. 音乐与动作类型的和谐性

鉴于健美操动作在速度、方向和幅度等方面具有多变性，针对不同的动作选择相应节奏和旋律的音乐作为伴奏十分必要。例如，在进行躯干动作练习时，应选取中速 4/4 拍的音乐；在进行跑跳动作时，应选择快速且节奏鲜明的迪斯科音乐；而对于伸展、柔和的放松动作，则宜选择 3/4 或 6/8 的抒情音乐。同时，确保所选音乐与动作的和谐与融洽也是至关重要的。

3. 音乐与学生自身条件及编排的相符性

在进行健美操教学时，音乐的节奏和速度应契合学生的自身条件，且选配音乐时应充分考虑健美操的目的和任务。音乐的节奏和速度是否与学生的身体素质、技术水平以及年龄等因素相符，直接影响学生的动作质量和表现力。在选择音乐时，需充分考虑学生的实际情况，选择适合他们的音乐。同时，选配音乐时需充分考虑健美操的目的和任务。不同类型的健美操课程需要不同类型的音乐。例如，热身课程宜选用轻松愉快的音乐，高强度训练则需要节奏感强烈的音乐。因此，根据不同特点的健美操课程选用合适的音乐，可以提高教学效果。

（二）音乐在健美操课程中的运用

1. 音乐在开始部分的运用

在体育教学过程中，学生从理论课程的脑力活动或午休阶段进入体育课程阶段时，常常处于一种消极的身体状态，兴奋性较低。为了迅速激发学生的积极性，在体育课程教学开始阶段，应选择具有一定活力的音乐吸引学生的注意力，进而激发他们的热情。例如，流行音乐中布兰妮的《初告白》、陈慧琳的《不如跳舞》、苏有朋的《快乐主义》等作品，均具有较好的调动积极性的效果，可以作为配乐。

2. 音乐在准备部分的运用

在健美操课程的前期准备环节，热身练习扮演着重要的生理和心理准备角色，旨在提升身体各部位的柔韧度和适应性。音乐选择在此过程中具有举足轻重的地位，应选择具有节奏感的乐曲替代枯燥乏味的口令，使学生精力更为集中且动作更精准。例如，可选用具有强烈节奏感的迪斯科音乐或现代流行音乐，如郭美美的《不怕不怕》、林俊杰的《江南》、萧亚轩的《主打歌》等进行热身练习。

3. 音乐在结束部分的运用

在健美操课程的结束部分，应该选用柔和、缓慢、优美、动听的乐曲，如华尔兹舞曲或钢琴曲等轻音乐，有助于学生在大运动负荷练习后机体迅速放松，加快疲劳的消除，对身心恢复最为有效，是健美操课程中不可或缺的部分。

（三）音乐在不同级别健美操课程中的运用

1. 音乐在健美操初级课中的运用

健美操初级课教授的内容一般为大众健美操一级和二级，这两套操有固定的动作和与之相匹配的音乐，由最简单的基本步伐和简单的手上动作组成，选择合适的音乐对激发学生学习的欲望非常重要。

2. 音乐在健美操中级课中的运用

健美操中级课教学内容为大众健美操三级和四级，这两套操相对于一级和二级难度增加了很多，固定音乐的节奏明显加快，组合动作有五至六个动作加上方向的变化，难度提升了很多。因此，在开始新动作时，教师不能直接采用等级音乐，需要一个过渡，先放节奏稍慢的音乐，再放充满激情的音乐。运动强度不能超过150拍/分钟。

3. 音乐在健美操高级课中的运用

健美操高级课适合健康水平和身体素质、技能水平较高和希望接受挑战的参与者，内容包含复杂的方向和路线变化、更复杂的上肢动作以及很多跳跃性的动作，音乐速度不能超过155拍/分钟，首选快节奏、充满激情、表现旺盛精力的音乐，如莱美音乐中很多高冲击力音乐。

第五节　健美操教学中的信息技术应用

一、健美操教学应用信息技术的制约因素

（一）客观方面

1. 经济方面

现代健美操教学需要固定的室内环境及配套设施，但目前很多学校还没有

专门的健美操室内场地，需要加大对健美操教学的资金投入，才能引入信息技术教学。

2. 资源配置方面

尽管我国理论课程教学中已常态化运用多媒体技术，但在以身体素质训练和技术传递为核心的体育课中，信息科技在课堂中的运用仍处在起步阶段。为了在健美操教学中引入信息科技，有必要在固定的室内健美操场所内配备相关的设备，如计算机、大尺寸液晶显示屏、录像设备和高保真音响。此外，还要求校园无线网络的全覆盖。只有在具备这些必要条件的情况下，我们才有可能真正将信息科技引入健美操教学中来。

（二）主观方面

1. 教师方面

由于计算机知识和能力的限制，一些教师可能感到运用信息技术存在一定的困难，这也是阻碍信息技术在健美操教学中运用的重要因素。

2. 学生方面

健美操信息技术教学可以提高教学效果，但需要学生正确对待自己的位置，集中注意力于知识的记忆和理解，确保信息技术起到应有的作用。

二、健美操教学中信息技术的应用策略

（一）微课在健美操教学中的应用策略

1. 构建微课教学平台

在健美操教学中，教师可借助网络技术的支持，特别是微信和 QQ 的群聊功能，推动微课的广泛应用。以学习者为中心，充分满足其自主学习需求，教师可根据特定教学目标精心设计微视频，并将其传送至微信群或 QQ 群，从而在更大范围内促进微课在健美操教学中的运用。此举既有助于学习者更深入地理解健美操，也有利于其更好地掌握相关技能，进而提高学习效果。同时，教师可通过微信群或 QQ 群这一平台及时获取学习者在健美操学习过程中的具体表现，准确把握其学习困境，并采取针对性策略进行解决。

2. 降低课堂教学难度

在健美操教学中，教师可运用微课将复杂且连贯性强的动作进行分解，制作成多个知识点短视频。这种方法可以满足学生的个性化学习需求，帮助学生有效解决传统教学中难以记住旧知识、无法进行针对性学习等问题，最终提高学生的健美操技能水平。此外，教师在运用微课教学的过程中，还需注重因材施教，结合学生的实际需求制作相应的短视频，而非盲目地依赖网络课程资料。

3. 激发学生的学习兴趣

在健美操教学之前，教师可通过微型课程进行导入，以激发学生的兴趣并提升后续课堂教学的效果。对于技术难度较大的动作，教师可借助微型课程进行分解，运用多媒体设备展示相关技术细节，并对重点和难点进行精准地阐述。同时，教师可根据学生的具体学习情况对微型课程进行重复播放。

在教授技术难度较大的动作这一环节中，教师需要以多媒体设备为支撑，运用慢放功能让学生对分解动作进行更加全面、清晰的观看。这一做法不仅进一步激发了学生的学习兴趣，还加强了学生对动作技术的掌握程度，进而提升了课堂教学的实效性。

在健美操教学过程中，教师应尽量防止因学生基础水平不同、理解能力存在差异产生不同的学习效果。

（二）慕课在健美操教学中的应用策略

1. 课前准备

课前，教师需要将健美操教学内容制作成视频并发布到慕课（MOOC）平台上，以便学生通过手机或电脑进行预习。同时，应根据学生的特性进行学习小组的组建，以促进小组内的互相学习和交流。学生和教师能够通过该平台进行互动，分享各自的学习体会，教师也能够进行线上的答疑解惑，增强学生的预习效果。

2. 课中实践

在健美操课程教学过程中，教师应在课堂上首先播放相关视频并进行详细讲解。对于学生难以理解或高难度的技术动作，可以通过视频播放的慢放、回放等功能进行反复强调与分解示范。此外，教师还可鼓励学生进行示范，并由教师和学生共同对示范过程进行监督与点评。此种教学方式能够使学生更好地掌握相关技术动作要领，进而提升其在实践操作中的能力。

3. 课后练习

在课后，学生需要通过慕课平台进行健美操动作的反复练习，以掌握相关技术要领，并可将学习感受及建议反馈给教师。教师可通过该平台检查学生作业并给予考核评价，以了解实际教学效果。同时，教师可与同行教师和学生进行交流，结合师生的评价建议，对慕课教学内容、教学过程和教学评价进行持续的优化。

第六节　健美操教学的未来展望

一、现代教育技术在健美操教学中的应用

现代教育技术在健美操专业教学中的应用具有深远影响。随着我国教育改革的不断深入，为满足体育教学的技术需求，现代教育技术的支持是必要的。特别是对于健美操专业教学，现代教育技术的应用不仅是一种新的尝试，更是一种必然的发展趋势。

现代教育技术在健美操专业教学中的应用尚处于探索阶段，但已表现出巨大的潜力。通过运用现代媒体技术，学生可以更好地学习新的成套动作，通过直观的教学手段，可增强对动作细节的理解和掌握，进而提高动作质量和创编能力。此外，现代教育技术对于提高学生的裁判水平也具有积极的影响。借助现代传媒技术和现代教学设计技术，教师能够更加生动、形象地讲解知识，优化教学过程，提高教学质量和效果。

如何运用现代教育丰富健美操专业教学手段，值得每一位健美操专业教师深入探索和研究。一方面，需要加强硬件设备和教学软件的投入，为教学提供更好的技术支持；另一方面，教师应该不断提高自身的技术水平，熟练掌握现代教育技术手段，以便更好地应用于教学中。只有不断地尝试和应用现代教育技术，才能使健美操专业教学更具科学性、规范性和实效性。

（一）现代教育技术在健美操专业教学中的实践

通过计算机辅助教学系统的引入，以及大量图片、Flash 动画及影像资料的运用，可以使健美操理论教学更加生动、直观。这些多媒体资料不仅可以使学生

对健美操的各项动作和技术有更清晰、更全面的理解，而且可以使抽象的理论知识变得形象易懂，优化学生的学习体验，进一步提高教学质量。在裁判法教学中，结合比赛录像进行讲解和评分练习，可以使学生更好地理解和掌握裁判规则，提高实践能力。这种方式还有助于理论与实践的结合，使学生在实践中更好地理解和运用所学理论知识。同时，教师能通过这种方式及时了解学生对所学内容的掌握程度，以便调整教学策略，更好地满足学生的学习需求。

现代教育技术对初学者提高健美操技能具有显著帮助。通过对比示范录像和自身操化动作，学生可以找出自身的不足，及时改正并提高自我分析和评价能力。同时，现代教育技术中的媒体技术能够提升反馈训练法的功能。例如，反馈训练法对于改进学生身体姿态、提高表现力、体验赛场气氛、适应比赛环境以及提高心理承受能力有很好的辅助作用。具体来说，现代教育技术可以提供各种视频资料，包括高水平运动员的动作示范、比赛录像等。学生可以通过反复观看和学习这些资料，全面了解高水平运动员的动作要领和技巧，进而有效地提升自己的技能水平。此外，现代教育技术中的媒体技术也可以为学生提供即时的反馈和指导。例如，学生可以通过观看自己的动作录像，发现自己的不足之处并加以改正。同时，教师可以利用现代教育技术提供的反馈功能对学生的动作进行分析和评估，并及时给予指导和建议。

健美操难度动作的特性及示范困难对教师的示范效果构成挑战。通过利用现代教育技术手段，如高清视频素材、三维动画以及专业软件等，教师可以帮助学生形成清晰的动作表象和正确的动作概念。这些技术手段能够直观地展示复杂的动作过程，深化学生对动作的理解，进而提高学习效率。此外，现代教育技术手段还具有纠正学生错误动作的有效作用。借助动作捕捉、对比分析等技术，教师能够准确地识别出学生的问题所在，并提供针对性的纠正建议。这种方法可使学生更快地掌握正确的动作技术，并提升学习效果。

（二）现代教育技术在健美操专业学生能力培养中的应用

现代教育技术对学生的课前预习具有积极作用。学生通过观看教学片并绘制动作，能更好地记忆和理解动作，从而提高课堂学习效率。

现代教育技术能够提高学生的自学能力和绘图能力。学生在预习过程中需要自行观看教学片并绘制动作，这一过程有利于培养自学能力和绘图能力。

现代教育技术能帮助学生提高记忆动作的速度。学生通过观看教学片，可在头脑中形成对动作的直观印象，从而更好地记忆和理解动作。

现代教育技术有助于增强师生的互动性。学生可通过视频聊天工具与教师取得联系，解决学习中遇到的难题，进而增强师生的互动性。

现代教育技术能帮助学生更快地掌握动作精细力度感。学生通过观看教学片并进行练习，能更快地掌握动作精细力度感，从而提高学习效率。

现代教育技术在健美操教学中的运用能够有效培养学生的创编能力。计算机多媒体技术和网络技术为健美操教学提供了丰富的学习资源，学生在教师的引导下通过自主探索健美操创编的各个环节，提高创编能力。观察比赛与表演是提高学生健美操创编能力的有效途径之一。计算机多媒体技术可以为学生提供大量与健美操相关的比赛和表演视频，学生通过观看这些视频能够掌握不同风格的动作素材，激发创作灵感和热情。同时，学生可以利用网络技术搜索相关资料，获取更多健美操创编的知识和技巧。现代教育技术的应用还体现在对健美操套路中各个关节活动次数的精确统计和分析。相关计算机软件可以为成套动作创编的健身性和科学性提供保障，帮助学生更好地掌握动作要领和技巧，提高动作质量和表现力。

现代教育技术在健美操教学中的应用对学生的创编能力培养具有重要意义，通过运用计算机多媒体技术和网络技术，学生可以更好地掌握健美操创编的知识和技巧，计算机对音乐的处理功能也可以提高健美操的艺术感染力。同时，相关部门需要在硬件设施配备和管理上提供保障，教师也需要转变观念并学习现代教育理论。

二、校园文化视域下健美操教学的创新路径

（一）校园文化视域下健美操教学创新的必然性分析

健美操教学与校园文化关系密切，校园文化与学生的学习和生活十分贴近，利用该优势，将校园文化的教育功能充分发挥出来，在校园文化建设中加强丰富有趣的健美操教育，可进一步提高健美操教育的实效性。总之，我们要创建积极

向上的校园文化环境，加强健美操教学理念、方法和创新，不断开拓与创造健美操教学的新局面。

（二）校园文化视域下推动健美操教学创新发展的对策

1.重视学生的文化主体地位，推进健美操教学理念创新

先进的教育理念对教育过程更好更快的发展具有指导与推动作用。健美操教学的创新先导是教育理念的改革，相关人员应该在总结旧有观念和把握新形势后，将教书与育人相结合，在文化视域教育理念下进行健美操教学，对学生进行全面的教育，培养全面发展的优秀人才。新时代健美操教学应贯彻"以人为本、健康第一"的指导思想，紧扣"终身体育"的教育目标，加强学生的全面教育，培养优秀人才。

首先，健美操教学中应该建立平等互助的和谐师生关系，引导学生自觉学习健美操，实现和谐互动。其次，应重视对学生的人文关怀，促进其全面和谐发展。最后，提高文化自觉和文化自信。健美操是外来文化，在健美操教学中要取其精华、抵制腐朽，并处理好传统文化与外来文化的关系，使二者融合发展，借鉴外来文化优势，创建具有中国特色的健美操风格。

2.发挥校园文化的时代性特点，推进健美操教学内容创新

校园文化作为培养优秀社会人才的关键因素，应当充分反映社会主义先进文化的发展方向。学校是社会的缩影，校园文化在不同时期表现出不同的主题与特征。健美操作为一项新兴运动形式，同样具有时代性。发挥校园文化的时代性特征，在时尚运动健美操教学中进行教学内容创新，应注意以下几方面：

首先，健美操教学在时代变革中应积极更新理念，结合当代学生的个性及时代特点合理选取教学内容，从而增强健美操教学的精准性和实效性。其次，要坚持将民族性和世界性、健身性和文化性相互融合，以实现健美操教学的多元化发展，将与时代发展不符的陈旧内容进行删减，将民族元素与流行元素完美融合，形成中国特色，满足多元化需求。最后，注重知识的科学性和系统性，避免形成凌乱、割裂的知识碎片，理论联系实际。

3.创新教学方式与教学评价

在校园文化视域下，为了进一步提高健美操教学效果，提高教学质量，教师

应不断改革与创新健美操教学方法，进行全面综合的健美操教学评价，从而激发学生对健美操课程的兴趣和学习的积极性，推动学生综合全面发展及健美操教学可持续发展。

在教学方式创新方面，要从学生的实际情况和学校的教学条件出发，设计学生感兴趣的、新颖的教学方法。在教学评价创新方面，采用多种评价方式让学生全面认识自己与自身的学习情况，提升学生的感知能力，及时解决学生在学习中遇到的问题，实现更高水平的发展。

第五章　健美操教学创新具体实践案例

本章为健美操教学创新具体实践案例，主要介绍六个方面的内容，分别是学导式教学法在健美操教学中的应用、基于深度学习的健美操模块教学设计实践、对分课堂教学模式在健美操教学中的实践、美育教学在健美操教学中的实践、互联网线上教学在健美操中的实践、功能性训练在健美操教学中的实践。

第一节　学导式教学法在健美操教学中的应用

专家、学者从理论和实践两个方面开展了多项有效的学术研究和实践探索，旨在最大限度地发挥健美操运动在学生全面发展中的作用，提高健美操教学在人才培养中的成效。在课堂教学中，如何有效地教授学习方法、帮助学生提升学习能力是健美操教学迫切需要解决的问题。

"以学生为主体，教师为主导，开发智能为核心，全面发展为目标"的学导式教学法是解决教学中各种问题的必要举措。学导式教学法是一种为了让学生在教学过程中更自主、更高效地学习，教师对所传授的知识进行引导，在启发学生观察、思考的同时，让不同知识层次的学生都能获得适当的学习成果的教学方法。学导式教学法倡导学生"学"与教师"导"的紧密配合，关注"自学—解疑—精讲—演练"四个重要环节。运用此方法，不仅可以帮助学生获取知识和技能，也可以有效地提升学生的学习能力。

一、学导式教学理论起源与发展

（一）学导式教学理论的起源

在 20 世纪初的中国教育领域里，曾出现一种名为"自学辅导主义"的教育思潮。在杜威的实用主义教育思想的启发下，人们逐渐被灌输了"儿童中心""儿童本位"的理念。于是，"分组教学法""道尔顿制""自学辅导法""单元教学法"等新型教学实验应运而生。这些教学实验在具体实施方法上存在差异，没有一个统一的命名方式，但它们的共同特点是侧重于学生自主学习，教师只是提供学习资料和解答问题的辅导角色。

学导式教学的教学重点是"教与学"的转移。在教师的帮助下，学生自主获取知识，这种教学方法与布鲁纳的发现法很相似。学导式教学法是一种主导者为教师，同时以学生为中心的教学方法。其特点在于注重学生参与和实践，在教学的认知活动中，只有通过自身实践和参与，才能更好地认识和发现知识。"贵在引导,妙在开窍",这种教学方式贯穿教学全过程,可以有效培养学生的自学能力,调动学生的积极性,让学生更好地理解和掌握动作技能。

(二)国内研究现状

刘洁和张辉明在《学导式运动处方教学对高校健美操选修女生锻炼习惯及体质的影响》一文中,通过对在健美操选修课中使用学导式运动处方教学进行实验的研究,发现这种教学可以在加强学生科学健身意识和形成好的锻炼习惯方面扮演重要角色,同时有助于提高学生的身体素质。招惠芬、林昭绒在《学导式教学模式在健美操教学中的应用研究》中采用的是学导式教学模式,引导学生由"理"入"道",通过课堂体育教学的引导,使学生理解课内学习与课外活动的相互关联,同时调动学生学习的自主性与创造性。在探索健美操教学改革中推动体育价值、教学理念、内容选择和社会功能的转变,传递体育文化,引导学生自我教育与自我发展,从而促进学生全面发展。

这些研究给"学导式教学法"在健美操课中的应用提供了参考。

因此,在健美操课程教学中引入学导式教学法,可以促进教学思想和观念的更新,培养具有创新能力的人才,并为学生自我导向学习能力的提高和终身体育意识的养成奠定基础,具有理论意义和实践价值。

二、学导式教学法在健美操教学中的具体应用

(一)学导式教学法应满足的条件

1.注意实际问题的处理

学导式教学法的理念是让学生不仅能够全面掌握基本知识,而且能够运用所学知识解决实际问题,培养学生的自觉性和创造力。除了单纯地依赖成绩外,对学生的评估应该考虑其身体素质和综合能力,这样才能全面地评价学生。

2.注意使用辅导书

在学习健美操的过程中,学生需要配合适宜的教辅材料,以优化练习效果。这些教辅材料应该是根据学生实际情况量身定做的,只有这样才能事半功倍。教师在其中起到重要的指导作用,因为他们拥有多年的经验,可以为学生提供优质

的素材，如视频和步骤示范图等。此外，教师还需要通过潜移默化的方式调动学生的积极性，让学生自主练习。

3. 注意和学生共同进步

教师可以与学生成为伙伴，共同提升健美操水平。教师经验丰富，能够有效地指导学生成长。为了更好地教学，教师需要不断更新教学方法，帮助学生更快地提高健美操水平。周期性地对学生的训练进行总结反馈和评价，为下一个成长阶段提供指导，最终，学生才能跑出自己的"健美操之路"。学导式教学法是一种新兴的教学方法，它不仅提高了对学生的要求，也促进了教师的专业化。为了实现这种方法，教师需要不断提高专业知识和技能，同时需要在道德品质和专业素养方面不断完善自身，以满足学生多样化的需求。

4. 鼓励学生进行质疑

在学导式教学法中，学生不再被视为被动接受知识的学生，而应该是具备勇于发问、积极反馈自己意见、乐于与教师合作探讨问题、共同进步的高素养学生。这种新的教育模式要求教师和学生达到一个新的高水平标准。我们需要学生具备更高的自我管理能力，包括时间管理和意志力，以实现自我掌控。

（二）学导式教学法具体教学策略

1. 激发学生热情

教师的热情与教学态度对健美操课堂的教学效果有着非常重要的影响。只有在教师认真教学的前提下，才能激发学生的学习动力，让课堂达到高效的状态。教师在授课过程中不应该单调地依靠书本讲解，而应该采用动作示范的方式，将新潮的流行文化和有趣的元素融入教学中，激发学生的兴趣和积极性。在健美操教学中，教师应当一边讲解一边示范，确保学习过程不无聊。这种教学方式可以使学生感到乐趣十足，同时减轻教师的教学压力。教师应当深入了解学生的特点并充分考虑这些因素，以便在备课时根据学生的需要营造积极向上的课堂气氛。这样，学生能够自觉听讲、自觉练习，并且有足够的时间和空间进行独立思考，将有效地激发学生无限的潜力。

2. 开展自主探究活动

在采用学导式教学法的过程中，学生不仅需要牢固掌握理论知识，还应具备灵活运用知识的能力。他们需要将健美操理论转化为具体的动作技巧，并使之成为身体的本能反应，从而提高自主学习能力。教师需要有能力制定循序渐进的教材内容，助力学生逐步学习完整的课程，最终使学生真正掌握知识，同时充分激发学习兴趣。

3. 创造和谐的氛围

人的学习和周围环境是密不可分的，环境对学习质量有着重要影响。采用学导式教学法需要学生和教师共同创造一个宜人、轻松的学习氛围，减轻学生的心理压力，建立和谐的师生关系。练习健美操是一项高难度、劳累且较为单调的活动，采用多种方法创造一个恰当的氛围将有助于减轻学生的疲劳感，同时能增强课堂的活跃度。此外，教师还应该密切关注课堂氛围的变化，认真观察学生的表情变化，帮助每个学生取得进步，以便为他们未来的练习和学习提供支持和动力。

4. 引导学生树立自信

任何运动的发展都会经历各种大小的挫折。学导式教学法要求教师在学生遇到困难要及时关注，当学生碰到重大挫折时，需要教师提供帮助，让学生倾诉内心的苦痛和悲伤。如果处理不当，会使学生的积极性受到很大影响，并留下心理阴影，这将影响学生后续的成长过程，并且不利于学生健康成长。教师需要灵活调整教学方案，帮助学生建立自信心，掌握应对各种挫折和失败的方法，从而让学生在健美操的学习中逐渐变得更加有韧性。

5. 教师提高自身专业修养，与学生共同进步

在现今时代，教师扮演着学生的指导者角色。教师的思想深度和掌握技能不断地对学生的成长产生影响。为了使学生获得更好的发展，教师应该持续不断地学习，并不断加强自身的专业素质和掌握更多的技能，以此为学生树立榜样。健美操是一门综合性学科，涉及多个方面的技能与能力，教师需要意识到其要求之高，并为之付出更多的努力。在教学过程中，教师应根据每个学生的特点，提供最合适的教学方案和全面优质的教育。这样，学生在练习健美操的同时，能够获得其他方面的益处，迈向更加健康和成熟的未来。在进行课堂教学时，教师必须确保学生获得成长和发展，为此需要不断提高自己的水平，以便妥善处理和解决学生在学习过程中面临的各种问题。

第二节 基于深度学习的健美操模块教学设计实践

自 2010 年起，深度学习得到广泛应用，尤其在不同学科的课堂教学中被广泛认可，有助于提高教学效果，推动学生成长。深度学习可以改变学生对体育课的学习态度，使得体育课堂不再是教师的"一言堂"，而变成学生自己设计和体验教学活动的地方，同时帮助他们获取更多的知识和技能。这样，教师的教学深度也得到提高。

一、健美操学习模块的教学特点

教师构建基于深度学习的健美操学习模块，旨在提升学生对知识的层次理解能力，并激发学生的发展潜力。因此，在构建健美操模块的教学时，体育教师需要仔细研究体育课程标准，根据具体的标准，结合健美操的教学内容，展示健美操练习的各种形式和具有健康效益的特点。同时，需要深入了解学生的身心发展特点，更好地满足学生的需求。有些学生在健美操方面的基本功不扎实，教师需要特别留意他们，并侧重于教授基本技能，为他们提供正确的指导。这样可以让他们在完成可胜任的学习任务的基础上，还能"跳一跳，摘更高处的果子"。另外，这些学生还需要进一步提升自身的创造性和欣赏美的能力，以及加深自身对健美操运动重要性的认识。本书的主要目的是利用深度学习技术设计健美操课程教学模块，激发学生对健美操的学习兴趣和能力，并培养他们终身锻炼的意识。

二、基于深度学习的健美操模块的教学设计策略

（一）循环训练与分组合作学习相结合

教师可以结合循环训练和分组合作学习的方式，为学生设计持续强度适中、短时期交替进行的运动练习，以提升学生的柔韧性、灵活性、稳定性，并提高他们在健美操方面的专项素质。

（二）实践活动与真实体验相结合

在深度学习中，实践活动和实际体验是非常重要的特征之一。教师应当鼓励

学生在实践活动中积极探索、发现与相应知识相关联的信息，在完整地体验与形成知识的过程中，真正实现深度学习目标。教师可以安排一项创作任务，让学生创设一套"有氧健身操组合"，该组合要求学生设计一组包含6—8种基本步伐、8—10种上肢动作（其中包含拳型、掌型），至少涉及2次队形变化和2次协同配合的动作。

学生在确定了创作前期任务后，首先，制订学习计划和策略。其次，回顾自己已经学会的健美操基本动作，通过查阅健美操基础知识、观看动作视频和收集音乐素材等方式积累所需知识和动作素材。最后，在小组长的带领下，开始创作实践。

（三）以多媒体设备辅助教学

通过使用多媒体设备，教师可以播放不同班级、组别的视频作品，鼓励学生进行交流和学习分享。教师应该鼓励学生拍摄自己练习的视频，并多次观看并进行反思。这样能够帮助学生展开自我审视，找出自己的问题，针对问题对小组编排的套路进行改进。

（四）以赛促练，提高学习效果

教师可以策划班级活动，如开展嘉年华健美操比赛，通过比赛促进学生锻炼，并为他们提供一个展示美丽和发现美的机会。

第三节　对分课堂教学模式在健美操教学中的实践

一、对分课堂教学模式的内涵及理念概述

"对分课堂（PAD class）"是复旦大学张学新教授在2014年创立的一种全新的国内教学模式。这种教学模式的核心理念在于将课堂时间及师生权责"一分为二"。在时间上，课堂时间被划分为两部分。其中，一半时间用于教师的讲授，另一半时间则用于学生的小组合作、讨论和交流（此处的一半课堂时间可根据具体的课堂情况进行适当调整）。在此基础上，讲授和讨论这两个环节被分开，以便让学生有充足的时间进行自主学习和个性化的内化吸收。在权责中，师生权责对分指的是教师将应当属于学生的权利和责任还给学生。通过分享权利和承担责

任，实现教师和学生在课堂中的地位互换，让学生成为主体，教师则担任引导和协助的角色。在教学中，师生是两个互相依存的主体，应该通过科学的方式均衡分配对教学活动的控制权，这样才能形成真正的师生共同体，从而实现教育教学的最大化价值。

对分课堂兼具传统课堂和讨论式课堂的优点，在强调先教后学的同时，注重知识的传授与学习的巩固和应用。类似于"讨论式课堂"，在强调师生之间积极互动的同时，强调了学生之间"交互式学习"的重要性，并鼓励学生自主学习。

根据教学进程的时间划分，对分课堂可以明确划分为三个步骤，分别是讲授（Presentation）、内化吸收（Assimilation）、讨论（Discussion）。这一过程也可以简称为 PAD 课堂（PAD class），以方便指导和管理。学生将在自学（内化吸收）和讨论环节中完成所谓的"亮""考""帮"任务，这些内容还将会被纳入小组讨论的范围。在教学中，教师应该将学生的学习任务与时间交给学生，这样可以真正实现以学生学习发展为中心的教学理念和实践路径。这种方法可以激发学生的学习主动性，并让学生产生积极的情感体验。同时，还可以让每个学生在参与学习的过程中激发自己的学习能动性和增强自信心（自我效能感），及时发现自己的不足并与同伴交流并解决问题（知识与能力的输出）。小组将问题进一步梳理后，进入教师答疑解惑环节，教师引导学生共同解决更高难度的问题。我们希望通过课程思政教育让学生感受到平等、尊重、倾听、包容、解决冲突、融合不同观点、接受质疑、从挫折中成长以及理性看待胜利等优秀品质，这些都是我们追求的目标。

有两种形式可以实施分课堂，即"当堂对分"和"隔堂/隔周对分"。在"当堂对分"中，教师会在一堂课或一次课的时间内完成完整的讲授、内化吸收和讨论三个过程。例如，在一节 45 分钟的课上，教师可以运用"当堂对分"方法教授课程。具体操作方式是：教师用时 25 分钟讲授课程内容，剩下的时间布置给学生完成练习任务或习题。首先，利用 5 分钟时间让学生独立思考和吸收所学内容。其次，学生利用 8 分钟时间与同桌或其他同学进行小组讨论。最后，利用 7 分钟时间，教师进行全班交流，包括小组间交流、教师抽查和答疑。"隔堂对分"指的是在课后为学生安排独立学习和作业完成时间，在下一次课堂中讨论上次课的内容，教师在此基础上讲授新的相关知识。

二、对分课堂教学模式的特征

（一）课堂讲授，精讲留白

在分课堂教学模式中，讲授环节需要遵循精讲和留白原则。因为教师只有原来时间的一半讲授课程，所以无法像传统教学那样覆盖所有内容。教师需要对逻辑结构（运动结构）和重难点进行引导性、框架式讲授，让学生从宏观层面掌握学习要点，包括学什么、为何学以及如何学。创造一个学习环境，鼓励学生自行发掘和体验知识，用好奇的眼光去发现世界，积极探索并深入研究内容，从被动的听取者转变为主动的学习者。在健美操技术课上，教师首先演示整个组合动作，随后详细讲解单个技术动作和变换路线，促进学生对动作技术的观察、回忆和思考。学习动作组合时，教师示范完整的右侧动作，留下左侧动作让学生自己思考练习，学生可以分组或独自完成左侧动作的学习。

（二）个性化内化吸收

在教师的指导下，学生掌握了学习内容的关键部分。学生可以在接下来的一周时间内，根据自己的需求、兴趣和能力安排学习时间和方法，以便更好地吸收和内化知识。学生还可以自主决定学习的深度和广度。学生需要独立地进行课后学习并完成作业，在这个过程中如果遇到问题或疑虑，可以记录下来，并在课堂上与同学和老师讨论和解决。在健美操课堂上，教师先讲授和展示相关的健身知识和动作技巧，学生需要认真聆听并思考，然后独立模仿、描述、练习，并与同学讨论和展示。进行同伴学习，相互搭脚手架（互帮互助），在实践中整理理论知识，完成"亮""考""帮"作业，并且提出小组问题。例如，当学生掌握了基本舞蹈步伐的名称和动作后，可以结合小组内的思路和创新，创作出基本步伐的组合。这是培养学生进行有梯度、有挑战度的创新性学习，使其学以致用。

（三）课堂讨论，积极体验

在以分课堂教学模式进行课堂讨论时，最显著的特点是学生有充分的时间在讨论前进行反思或实践练习，做好准备。这样一来，在课堂上，学生的讨论动机和内容与他们的学习变得更加有意义和有价值。本书提供的分课堂讨论包括小组内讨论、全班小组间交流以及教师答疑环节。全班交流包括全班小组间交流和教师答疑环节。

首先，小组内讨论。学生就"亮""考""帮"作业展开小组讨论。在上课前，学生会独立完成作业，并吸收和总结自己的学习成果，发现自己的困惑和问题，并将这些问题带到小组分享。小组成员通过互相解答和协助解决这些问题。如果小组内无法解决问题，学生们会进一步讨论和凝练，并在全班交流中共同解决。

其次，全班小组间交流以及教师答题。在全班交流时，教师会根据班级人数选择一些小组进行抽查，要求其中的一个同学代表分享小组内凝聚的问题或存在的疑惑。其他小组会协助解决这些问题。在小组间交流讨论后，教师会梳理所有小组共同的不能解决或存在疑惑的问题，并为全班解答这些问题。

三、对分课堂教学模式在健美操教学中的实践

（一）教学组织

1. 整体安排

健美操课程每学期有 28 个学时，分为 14 周，每周 2 个学时。学生每周需学习 4 个 8 拍动作，共需 8 周时间。在接下来的 4 周内，学生需要将这些动作编排成一套完整的队形。然后是 1 周机动，1 周考试。

在第一次课中，我们将会阐述本学期的教学目标和任务，并说明相关的课堂规则。同时，我们会重点讲解"对分课堂"教学模式的关键要素。在本课中，学生将学习 4 个 8 拍的全新动作。之后，学生会以小组形式进行练习，并在下课之前以小组为单位，根据实际情况展示所学内容。

第二次课的第一部分是课堂规程和准备环节，接着是小组学生复习第一次课所学内容（隔堂对分），然后进入第三部分，学生将学习新的 4 个 8 拍舞蹈。随后，学生将分成小组进行练习（当堂对分）。最后，学生将把第一次和第二次课程所学内容结合起来进行展示。后面的教学方式与第二次课相同，未做调整。

2. 分组方式

在教学班的课程中，每个班级的人数在 30—40 人之间。学生可以自由组合成 3—6 人的小组，接受每次的练习和期末考试。每个小组的总成绩将会影响每个组

员的个人成绩，因此，每个同学都需要积极参与，达到最佳水平。这样，在教学小组中，可以充分展示"对分课堂"中的"亮闪闪""帮帮我"和"考考你"的优点。

（二）把握五个关键环节

对分课堂教学模式的五个关键环节是讲授（教师在第一次课的后半节课进行讲解、示范或在课堂中进行讲解、示范）、独立学习（自己针对教师的讲解、示范对技术动作的要领进行记忆，能够陈述出来并进行技术模仿练习，争取规范地做出来）、独立完成作业（如果是当堂对分，就让学生对自己学习过程的体会进行总结说明；能提出关于此项技术练习、组织、运用的问题，让其他学生回答；把自己解决不了的问题说出来，让全班同学帮助解决）、小组讨论（此过程是解决作业中的问题，小组能够解决就不用拿到全班解决，在此过程中，小组成员要互相指导、互相学习，共同掌握技术要领，解决技术的重难点，提高技术的规范）、全班交流（展示小组交流成果，总结小组"考"的问题，说出小组"帮"的疑惑）。这五个环节是对分课堂能否成功实施的关键，把握好独立学习、独立完成作业是关键中的关键。

（三）作业的布置

作业的类型有多种，可以是心得、体会、总结，或者是思考题。在技术课的作业中，教师希望学生通过画技术动作顺序图、写动作要领、分析技术动作的重难点、提出组织练习的形式、教学过程的思考、讲解示范的位置等方法，加深对技术动作的理解和掌握。在作业中，必须包含"亮""考""帮"三个环节，这有助于促进学生的自主思考，培养他们的批判性思维和怀疑辩证的能力。如果缺少这三个环节，分课堂教学便会成为空洞的形式主义，难以全面地提高学生的综合素质，其效果将不尽如人意。

可以选择以纸质形式提交作业，或使用扫描仪或拍照上传到对分易的作业板块。教师能够快速批改作业，只要完成提交就给 3 分；认真完成工作给 4 分；有新颖的分析、论述给 5 分。不交作业，期末考试是不及格的。

（四）成绩考核

对于对分课堂教学模式而言，其侧重于学习过程和知识建构（个人建构和社会建构）。因此，在学生考核方面，作业、讨论以及问题解答能力等方面的表现也应成为考核内容之一，以体现过程性评价的重要性。通过多次作业，教师能够客观、稳定地评估学生的水平。观察可得，以上评估方式体现了学生在平时学习中付出的努力和学习效果，强调学习过程的评价，对于在课堂中取得良好成效十分重要。期末学生成绩评定方式为：签到 10 分；作业 12 次，每次分等级为 5 分、4 分、3 分，期末时去掉两个最低分，作业满分 50 分；期末技术考核 20 分；技能展示 20 分（通过学习过的健美操技术动作进行再创编，自己选配音乐）。

第四节　美育教学在健美操教学中的实践

一、健美操教学的美育功能

（一）塑造身形美

健美操适合各类人群，是一种可进行有氧运动的运动方式。根据动作难度和音乐节奏，可以创造简单、易学、缓慢的大众健美操，也可以创造动作难度高、节奏快的竞技健美操。大众健美操适合那些身体素质一般或较弱，缺乏运动经验的普通人。它能显著提高人体协调性和灵活性，对于在校学生来说，是非常适合的练习方式。经过有规律和科学的训练，学生的身体素质能够得到提高，身形也能得到改变。这种训练可以让肌肉线条更加明显，同时有助于消耗身体脂肪，使学生的外形更加优美。通过健美操的教授和练习，学生可以培养创造美丽身姿的能力和享受美丽身体带来的感受。

（二）展现动作美

健美操的身体动作设计旨在打造优美的形态，以展现身体、动作和力度上的美感。我们的设计和编排注重身体动作的速度、方向、路线和完成方式的多样性，旨在创造出优美的姿态，为观众带来美的视觉享受。针对身体不同部位的动作，上肢、下肢和躯干部分会相互协调配合。同时，动作与动作之间会有连续顺畅的过渡和转换。每个动作都能根据不同的方向，形成左右对称的相同动作。一些动作可以组成小的动作组合，多个动作组合构成了一整套完整的操作方法。通过学习健美操，学生不仅可以感受自己练习时身体动作的美妙，还能欣赏其他同学练习时优美、充满活力的动作形态。因此，可以增强学生对自身形态美的认知和把握，以及提升学生对他人身体动作美的感知和鉴别能力。

（三）感知音乐美

进行健美操运动时，需要音乐的伴奏，而且动作要根据音乐的节奏快慢来完成。在动感的音乐旋律下，通过精彩而富有活力的身体动作，创造出健美操的美妙姿态，而这靓丽的美丽姿态则无法离开音乐的完美配合。大多数用于健美操伴奏的音乐都是充满活力、抑扬顿挫、有助于激励和振奋士气的，能够很好地与健美操的动作和情感表达相呼应。在音乐的伴奏下，学生可以愉悦地沉浸在其中，感受到欢快、积极、充满热情的情绪体验。学生通过美妙的音乐感受到了健美操练习的音乐之美，进一步激发了他们的情绪和练习动力。

（四）激发心灵美

健美操要求在欢快激昂的音乐节奏下完成力度和美感并存的身体动作，通过逐一练习和组合的串联，学生能够提升动作技术能力和身体协调性，并感受到成就感、充实感和自信心的增强。在学习和练习中，学生能够获得愉悦和满足，消除低落、负面和消极情绪，从而达到心灵净化和美化的效果。长期练习能够激发学生积极向上、努力进取的精神面貌和意志品质。

（五）凸显健康美

健美操的教学和练习可以提高学生的身体素质和健美程度，也能够净化和美化学生的心理，提升他们的音乐素养和审美能力。在这个过程中，学生会展现出朝气蓬勃、积极自信和青春活泼的精神面貌和外在气质，从内到外散发出健康和美好的气息。这样，学生的形象素养就能更符合高校素质教育的目标，凸显健美操优越的美育功能。

二、健美操教学的美育教学实施策略

（一）教学中讲授优美身形塑造知识

在健美操教学过程中，教师可以适度地融入运动减肥塑形理论知识和美学相关知识。通过讲解和理论课的形式，教师可以利用口头语言、肢体语言和多媒体手段向学生传授一些基本知识，如能量物质在人体内新陈代谢的生理生化知识、不同运动形式与能量消耗的关系、训练方法与各肌肉群之间的关系，以及肌肉类型对身体外形健美的影响等。此外，教师还可以打造一个美学课堂，让学生更好地了解如何认识美、感知美、欣赏美等美学相关理论知识。可以利用社交网络或软件搜集与健美操运动减肥塑形及健美身材相关的信息和图片，并向学生展示，帮助学生在课堂学习或课后自学，掌握通过健美操锻炼塑造自己身体的方法。让学生在学习动作技能的同时深刻认识到健美操能够锻炼身体、塑造体形的效果，从而帮助他们树立终身运动的意识和健身习惯。

（二）讲解示范强调动作美、姿态美和力度美

健美操教师需要在日常生活中始终保持体态美，并在细节方面注重打扮，包括发型、化妆和鞋服的选择。教师的着装应该既彰显端庄大方的风范，又可以展现身体的美丽和动作的完美。只有通过展示这些优美的外形和姿态，才能更好地讲解和示范健美操的"健、力、美"。教师认识到动作示范对于美育的意义，因此采用逐个节拍的方式进行动作讲解和演示，以展现健美操动作所蕴含的姿态美、力度美和韵律美。学生通过仔细观察教师的演示和解说，了解并欣赏健美操的美妙之处，激发学习和练习兴趣；还可以通过努力追求自身的形态、姿势和力度美，培养自己的美学能力和创造力。年长的教师同样可以利用多媒体和网络资源展示健美操的身形美、姿态美和力度美，或让那些学习动作快速且高质量完成的学生反复领做，同样能起到良好的示范作用。

（三）引导学生充分感受和理解音乐美

健美操的音乐采用具有明显节奏感的欢快旋律，注入了时尚流行元素，具有强烈的动感。这种音乐不仅是健美操教学练习的理想伴奏，还适用于迪斯科、广场舞等场合的伴奏。它能够轻松引发情绪共鸣，助力烘托氛围。音乐的魅力在于可以激起人的斗志和积极向上的情感，而健美操通过将身体动作与音乐节奏相结合，创造出一种充满韵律美和生命力的运动方式，给人带来强烈的动感美和激励力。

在练习中，学生也能够感受到音乐带来的振奋人心、激情洋溢的美好感受，通过听觉享受音乐的启示和鼓舞。教师可以利用网络和手机 App，在课外时间

搜索适合练习的时尚健康的健美操音乐。这些音乐可用于课堂上，帮助教师更容易地通过乐曲调动学生的情绪和提高学生的参与热情。

（四）调动学生积极饱满的练习情绪

积极饱满的练习状态是实现健美操教学美育功能的必要条件。有多种方法和要素可以调动学生的练习兴致和情绪。首先，对于健美操课堂来说，一个宽敞明亮、配备高品质音响设备和四面环有壁镜的空间是教学必需的条件。此外，地板的材质也要满足健美操的要求，并且让学生需要提供其他课堂教学辅助设施。良好的教学设备和环境可以更好地体验音乐、形体和情感的美妙，对于健美操的美育教学非常有益，可以轻松激发学生的兴趣和积极性。其次，教师需要善于运用准确恰当的语言，向学生展示和描述健美操动作中包含的"健、力、美"元素。同时，教师需要准确抓住讲解重点，紧密结合学生的兴趣点，满足他们的审美需求，鼓励他们通过聆听讲解和观看示范，构思精确的健美操动作，并以此为标准培养想象美、认识美的能力，从而养成动作美、身形美的优秀品质。因此，应鼓励学生自发产生对美的喜爱并主动追求美，在进行动作练习时，积极展现旺盛朝气和青春风采。在学生练习中，教师要求他们使用壁镜作为参照，仔细检视自己的动作，发现不足之处，努力改正和完善动作，达到美观、优雅和有力的效果。这种练习可以帮助学生锻炼自我纠错和自我欣赏的能力，让他们在感知到自身美丽的同时培养自信心。教师可以鼓励学生使用手机摄影相互记录健美操的练习情况，这样可以让学生更好地发现和欣赏自己的美感，并且更有效地改善动作，展现健美操的美感。通过这种方法，学生可以更加充满激情地练习，最终达到最佳的健美操美育效果和教学质量。

第五节　互联网线上教学在健美操中的实践

一、互联网线上健美操教学的优势

当代技术发展迅速，人类的生存方式与工作模式也有了相应的改变，对于当代学生来说，信息技术逐渐被熟练地掌握和使用。作为一个依托网络空间和网络平台的教学方式，线上课程的尝试与使用成效开始得到体现，并提出完整的课程思路。线上课程依托中国在线教育的成熟度逐步发展壮大。同时，中国在线教育市场规模巨大，能有效支持线上课程实践。

（一）教学资源丰富，便于共享

随着网络的日益发达，网络课程资源也日益丰富。而健美操本身就是一个运动力量和艺术美的结合体，强调动态美的呈现过程。线上课程的信息传递不再局限于教师的教学动作和技能演示层面，且信息内容的融合度与传递性更强。比如，利用平台的便利性，将文本、图像、声音、视频等教学资源加以有效融合，并突出强调了教学内容的生动性等，通过这样的信息传播形态，课程更生动有趣，内容更全面；借助资源的吸引力与实效性，使健美操的线上课程开展具有魅力，让学习者积极投入其中，激发出课程的核心价值。

线上课程的开展，通过校内或各校之间的教育资源分享，教师之间也可以进行探讨和改进创新。课程教学资源管理的引进与丰富，是指课程教学资源管理的开发与使用。随着人们生活水平的进一步提高，人们对体育项目的要求日益多元化，全国体育资源管理逐渐规范和发展起来，进一步提升了全国高等院校对健美操教育的专业教育资源、科技教育资源、环保资源、人力资源的开发和利用的能力。

（二）便于学生反复学习，教师进行反思

线上教学在有网络的地方可随时上课。教师和学生不用集中在同一个地点上课，利用线上教学平台签到可以节约时间，线上教学中的重难点可以利用录屏记录的方式进行存储，方便学生课后辅导和复习。因事假、病假等特殊状况无法准时上课的学生，可以使用线上的资源随时进行自主学习，通过此方式弥补落下的课程，降低学业的损失程度。众所周知，健美操属于体育表演类项目，很多动作具有爆发力，而且是根据动作速度的惯性完成的。如翻腾类动作，在完成此类动作的过程中无法停顿，在传统的体育教学模式中，教师对动作的技术讲解只能用口述方式进行，学生也只能根据教师的语言引导在脑海中形成动作的初级模型，但大部分学生并不能完全理解其动作的运动原理及行动轨迹。线上教学时，教师可以将此类技能技术表演时的视频画面进行原速及减速投放，并在某一技术要点

展现时暂停画面与截取画面，使学生更清晰地学习此类技能技术的运动原理及活动轨迹，并且视频的共享便于学生反复观看学习。线上教学时，教师和学生在线上平台进行交流，教师可以在平台上更便捷地推送适合不同阶段学生的优秀课程资源。教师也能把自己的教学资源上传到网络平台，便于随时地进行教学与共享。教师通过不断查看课堂录像，找到自己授课时遇到的问题与困难，以便于在以后的授课中进行改进。线上教学可以通过多种渠道供师生进行讨论和解答困惑。

（三）成绩公平公正，增强学生锻炼

线上上课时，平台全程记录保存学生上课时的数据。教师通过学生每次上课签到打卡、课堂互动、作业完成情况等对学生的学习效果进行点评。教师也可通过记录查看授课时学生的活动轨迹、互动状况、学生出勤状况以及随堂作业的完成状况。上述内容的统计为学生的平时成绩提供了主要的参照，其数据结果具有较强的客观公正性，此数据开放展示也具有激励学生竞争意识的功能。教师还可以通过平台分析学生对授课时所讲知识点的掌握情况，为后面教学进度与改动提供参考，这是传统课堂授课时完全不能实现的。由于健美操线上授课考核的方式多为学生自行录制视频并上传到网络平台交予教师评判，所以在视频录制时，学生大多数会选择多次录制，从而选择训练效果最佳、动作最为标准的一次视频上传，这就有效地提升了学生对项目进行练习的积极性，对于部分运动锻炼意愿不强的学生来说，也在变相地激励其进行运动锻炼，同时增加了学生的运动时间，在一定程度上帮助其养成运动锻炼的优秀习惯。

二、互联网线上健美操教学的实践

线上健美操教学是教育现代化视野下的主要选择，是丰富线下教学的一种新教学模式，该模式更符合学生的个性特征，应用的效果更理想。我们要积极尝试和打造线上教学新模式，将线下与线上有效结合，并制定实施举措，让健美操教学持续发挥作用，实现应有价值。

（一）做好前期基础准备

前期的基础性准备工作，是线上教学有效性的关键一环，做到有备无患至关重要。当前，主流的线上教学模式包括微课教学、慕课教学等。开放的线上教学

自然在教学创新性的表现上更理想。但结合实际我们发现，线上教学涉及的教学准备工作相对复杂，教师要准备的内容更多。一方面，制定线上教学的基本流程与框架。结合健美操的教学要点，教师要制定围绕线上教学展开的教学框架，包括教学内容的筛选、线上教学内容安排、讲解方式、评价效果等，这些都需要通过教学方案的支撑有序展开，避免出现线上教学杂乱的情况；另一方面，做好前期教学资源的准备。从当前被运用到健美操教学的线上教学模式来看，无论是微课教学，还是慕课教学，对教学资源的依赖性都较高，需要教学资源为教学工作提供必要、有效的支撑。比如，教师需要利用视频剪辑软件、录制设备、社交平台等，将成熟的健美操教学资源传授给学生，让学生获得良好的学习体验，并愿意在课程教学资源的吸引下主动地参与到课堂实践中，深刻感受健美操的魅力，让教学有效开展。前期的基础性准备是线上教学有效性的基础。

（二）做好中期线上实践

在线上教学模式下，教师将事先准备好的教学资源通过各个平台传递给学生，学生可以在课下接触到健美操相关技巧的教学视频和有关资源，并主动参与、主动探究，感受健美操的魅力。在课前达成预习目标之后，课上针对内容展开具体讲解。当前，针对健美操的线上教学并不是完全的线上教学模式，最为理想的是一种以线上为辅助教学、线下为实践教学的一体化教学模式，即"线上线下一体化"教学。该模式既包含线上的教学资源的开放性，又使得线下的教学实践得到有效推进，同时有更充足的教学资源为线下教学提供必要的支撑。对于教师而言，线上线下的衔接紧密度显得尤为关键，最终目的是在教学实践中确保健美操的魅力得到充分展现，让教学价值有效提升。实践是检验真理的唯一标准，做好健美操线上教学的具体实践至关重要。

（三）做好后期实施评价

线上教学的实践过程更需要教学评价发挥作用，尝试通过新方法、新内容将学生线上学习的全过程进行具体展现，打造动态化的监测机制，只有确保教学全过程得到优化，才能让教学工作有序展开，发挥出健美操的有效性。除此之外，还需要将线上线下一体化教学中学生的表现作为关键要素之一，在精准衡量中反作用到教学实践中，让教学效果发挥应有的作用，不断调整线上教学模式，创设线上线下一体化教学平台。以科学的评价让教学全过程得到优化，发挥动态监测的有效性。

第六节　功能性训练在健美操教学中的实践

一、功能性训练的内涵及特征

（一）功能性训练的内涵

　　功能性运动指的是将运动者的动作看作一个完整的运动链条，重视运动链条中运动者身体关节的稳定性及灵活性，能够使运动者在完成单向关节训练的过程中避免出现运动损伤的现象。功能性训练能够通过针对运动者以及运动项目的特征的方式开展训练，因此在很多运动项目的训练中均运用了功能性训练。功能性训练重塑了体能训练的结构，将其划分为平衡能力训练、柔韧性训练、协调性训练以及灵敏性训练。功能性训练还强调运动的康复价值，功能性训练能够促进运动者机体健康的恢复。功能性训练使训练与恢复同步进行，在竞技训练中能够将对应的康复体能训练融入其中，使得运动者的体能得到有效提升。功能性训练不仅重视在整体训练中核心训练的比例，还会在将四肢训练与核心区域训练进行融合后，重视训练运动者的稳定性、灵敏性以及机动性，使得运动员具备较高的整体素质。

（二）功能性训练的特征

　　功能性训练具有以下几大特征：一是人体各种复杂的动作，如屈伸、下蹲、推拉、弓步、转体等均依赖于人体功能性动作。功能性训练非常重视对运动者整体动作的训练，它强调多个角度的平衡协调训练。二是功能性训练的主要内容是身体核心部位的稳定性。重视躯干核心力量训练及四肢核心力量训练，能够保证运动者各种肢体动作的协调性。三是功能性训练充分考虑人体的运动习惯。训练与人体生理结构相符，能够使肌肉神经得到有效舒缓，进而使人体的肌群得到更好的锻炼，使运动者拥有较强的耐力及协调能力。不仅如此，健美操运动的相关动作对运动者的身体素质提出了较高的要求，体重也是影响运动者身体素质的一个重要因素。因此，通过控制运动者的体重能够促进功能性训练取得良好的效果。如果参与健美操运动的运动员体重过重，就会增加完成相关动作的难度，并且可能导致运动者身体损伤。因此，功能性训练中融合了与运动者体重有关的超等长训练、核心区域训练以及柔韧性训练等，以此提升运动者身体的灵活性及稳定性，有效降低运动者发生运动损伤的概率。

二、健美操教学中功能性训练的运用实践

在健美操项目教学过程中，功能性训练对其的支撑力度不言而喻，通过功能性训练强化健美操教学中需要的力量素质、协调素质和柔韧素质等，能够为教学提供直接有效的帮助。功能性训练的趣味性更能在调动学生兴趣的同时强化学生的身体素质，取得一举两得的效果。

（一）灵敏素质训练

在健美操学生的学习过程中，若要将身体素质予以充分发挥，需具备一定的灵敏素质。当学生具备良好的灵敏素质时，在完成技术动作的过程中可以保证良好的动作质量。例如，运用变向、平行移动等动作训练，既可以提高学生的灵敏素质，还可以增加运动的趣味性，为营造良好课堂气氛提供坚实的基础。

（二）力量素质训练

对于健美操项目而言，力量素质训练可分为上肢力量、下肢力量以及核心力量训练。和常规力量训练相比，功能训练更加强调力量输出的整合能力。从训练难度来讲，需要完成自重练习，再逐步进阶为不稳定平面、多平面抗阻力训练，最后演变为整合型力量训练。同时，整合力量训练内容相对多元化，应按照不同的动作模式规划训练计划及内容。

（三）耐力素质训练

完成一整套健美操动作对学生心肺耐力有着一定的要求。耐力素质是各项运动素质的基础，所以在功能性训练中可采用循环训练，一方面，提高练习者的肌耐力水平，另一方面，可以从心肺适能方面进行提升。除此之外，还可以帮助学生养成拼搏进取的精神，提高自身意志水平，为健美操学习创造有利条件。

（四）协调素质训练

作为身体最为基础的素质，协调能力可以直接体现出练习者的训练程度和水平。在健美操课程教学中，注重协调能力的培养和训练，能够帮助练习者更好地完成技术动作。

（五）柔韧素质训练

柔韧素质训练主要为动态拉伸练习，按照动作模式规划动态伸展动作。动态拉伸练习不仅可以提高机体软组织的延展程度，还能帮助肌肉、肌腱恢复到放松状态，强化四肢、躯干等部位的柔韧性。另外，使用综合性的动态拉伸方法，如最伟大伸展、虫爬等方式，也是功能性训练中柔韧素质训练的常见练习手段。

参考文献

[1] 康丹丹.高校健美操教学与创新研究 [M].北京：北京工业大学出版社，2019.

[2] 赵静晓.健美操教学训练系统设计与方法研究 [M].太原：山西经济出版社，2019.

[3] 何雪芸.健美操教学与训练 [M].北京：光明日报出版社，2015.

[4] 张云华.健美操教学与训练 [M].兰州：甘肃文化出版社，2003.

[5] 赵萍.健美操课程教学分析与实践创新 [M].长春：吉林大学出版社，2019.

[6] 张彤.健美操教学与训练研究 [M].长春：吉林出版集团股份有限公司，2022.

[7] 张晓.高校现代健美操教学的创新研究 [M].北京：北京工业大学出版社，2023.

[8] 苏斌，张欣.高校体育中的健美操教学研究 [M].长春：东北师范大学出版社，2018.

[9] 王佩珍.健美操教学及创编能力培养研究 [M].长春：吉林大学出版社，2020.

[10] 蒋银香.美学渗透视野下的健美操教学与发展研究 [M].长春：吉林大学出版社，2020.

[11] 袁小芳.健美操类体育教学中团队合作能力的培养研究 [J].当代体育科技，2023，13（27）：56-59.

[12] 王蓓蓓.高校健美操金课教学情境化设计的理论依据及践行向度研究 [J].高教学刊，2023，9（S2）：74-76+80.

[13] 李萍.健美操教学中多元化方法的应用研究 [J].内江科技，2023，44（6）：48-49.

[14] 沙菲.线上线下教学模式对高校健美操选修课程的影响与应用 [J].当代体育科技，2023，13（10）：58-61.

[15] 李爱霞.高校健美操实践课非言语性教学方法的运用研究 [J].当代体育科技，2023，13（10）：50-53.

[16] 马玉鑫，牛晓晨.柔韧素质训练在普通高校专项健美操教学中的应用分析 [J].当代体育科技，2023，13（8）：184-187.

[17] 沙菲.体能训练在健美操教学中的应用 [J].当代体育科技，2023，13（7）：52-55.

[18] 王一博.新时代背景下，大学健美操教学改革探究 [J].体育世界，2023（2）：93-95.

[19] 周璐瑶.思政元素融入健美操教学探究 [J].公关世界，2023（2）：142-144.

[20] 曲振兴.大众健美操教学方法的现状及展望 [J].当代体育科技，2022，12（29）：53-56.

[21] 刘慧子.基于体育美育的高校健美操公共选修课程改革研究 [D].景德镇：景德镇陶瓷大学，2023.

[22] 刘玉.表现性评价在体育院校健美操课程教学中的应用研究 [D].西安：西安体育学院，2023.

[23] 段亭宇.动态分层教学模式在体育院校健美操教学中的实验研究 [D].西安：西安体育学院，2023.

[24] 王瑶.体育专业健美操课混合式教学应用效果研究 [D].西安：西安工业大学，2023.

[25] 刘翠.基于 MOOC 的初中健美操混合式教学应用的效果研究 [D].上海：华东师范大学，2022.

[26] 张洪菠.健美操运动对小学高年级学生身体素质和身体自尊影响的实验研究 [D].扬州：扬州大学，2022.

[27] 董旭.健美操线上线下混合式教学模式研究 [D].哈尔滨：哈尔滨师范大学，2022.

[28] 李秀娟.我国健美操研究知识网络结构及演化特征 [D].西安：西安体育学院，2022.

[29] 刘梦薇.健美操教学中远端肢体控制能力对动作表现的影响研究 [D].广州：广州体育学院，2022.

[30] 叶茜.不同练习方法对健美操新授课特定动作学习效果的比较研究 [D].武汉：湖北大学，2022.